Me Time

兼顧
工作和生活的
時間管理術

池田千惠 /著

李璦祺 /譯

Me Time

只用在你身上的時間。
盡情享受自己喜歡、想做的事情吧。

〈前言〉
自己想做的事不再延遲！
Me Time 創造法

「此刻你努力在做的事，是自己真正想做的事嗎？」

這本書的目的，是讓你從不必要的事情中俐落地脫身，把握為你所用的「**Me Time**」，盡情地去做你喜歡的事情。

讀完這本書，你將能根據自己的標準，選擇如何有效率地做好其他的事，並將時間用在真心想做的事情上。因此能創造、享受，並沉浸在「Me Time」裡。

如果你現在因為被「必須去做」「不得不做」的事追著跑而心煩意亂，或成日孜孜矻矻，一休息就有罪惡感的話，那你就該好好思考一下什麼是自己的時間。

這本書要推薦給有以下困擾的讀者：

・特別是透過網路就能完成工作，上下班的分界線消失，
　覺得自己都沒真的休息。
・讀過各種時間管理的書籍，卻很難好好運用在自己身
　上。

・因為讀了時間管理的書，使得能做的事增加了，卻反而變得更忙碌，忙到擠不出自由的時間。

・雖然很受不了把時間花在無意義的事情上，像是參與不必要的漫長會議，但就算想思考改善對策，也完全擠不出時間，而且自己也沒有權力去改變。

・工作和家事過於繁忙，光是把今天過完就費盡力氣了，沒辦法思考更遠的事。

・覺得自己老是急急忙忙的。

　　我必須先說，**這不是一本教你「速成」「提高效率」「節省時間」的書**。若你想知道提升處理能力、在短時間內完成某件事的技巧，不妨到書店找找其他關於時間管理術、工作術的書籍。

　　如果你覺得「我已經受夠一直被時間追著跑了！」「我希望過一個更有餘裕的生活」「雖然還不知道自己想做什麼，但好想逃出這種喧囂的生活，好好休息一陣子」「我有個想實現的夢想，希望為此開始做準備」……的話，那麼我可以很有自信地說，這本書一定能幫到你。

　　這本書的書名《Me Time》，指的是專屬自己的時間、只花在自己身上的時間，也就是「我時間」。類似的用語有「My Time」，在口語上是指專屬自己、放鬆身心的獨處時間。

之所以稱之為「Me Time」，就是要跟純粹指自己的時間的「My Time」做出區別。

這本書會分別教你如何在早、晚、中的不同時段，創造「Me Time」並使用它（正文中將會說明為何不是早、中、晚）。

一開始，請容我向各位讀者做個自我介紹。

我是一名「早起教練」，長年來致力於推廣「朝活」（譯註：有效利用晨醒後的一段時間，從事嗜好、運動、學習等自我成長或紓壓的活動），藉由寫書、製作日誌、諮詢等形式，幫助許多人將生活時間晨型化和習慣化。2009年，出版的第一本著作《「清晨4點起床」讓一切都運作良好！》成為暢銷及長銷作品後，衍生製作了幫助早起的早晨專用日誌《朝活手帳》至今，已長達13年。此外，我也是積極的朝活社群「朝職」的主辦人。

經過多年來的耕耘，如今有不少人稱我為「朝活第一人」；相對的，我也經常為晨型人和夜型人的楚河漢界感到傷心。

我所經營的公司，名為「朝6時股份有限公司」。在交換名片時，常有人會內疚地說：「不好意思，我是夜貓子。」「我也很想早起，但就是起不來……」我的公司、我的存在本身，似乎對廣大的夜貓族造成了某種「壓力」。

已有研究結果顯示，一個人是夜型人或晨型人，是基因

決定的，而我也沒有要強迫夜型人變晨型人的意思，只不過是宣揚「早起並非目的，只是手段」「不必拘泥於時間，幾點開始都可以是朝活」，傳授晨型人或夜型人都能實踐的方法。但很遺憾的，因為我的能力不足，無法將這種想法廣為普及。

另一方面，因為我提倡「清晨4點起床」的習慣，所以不論處在怎樣的狀態，我都覺得自己必須加以實踐，結果還曾因此壓縮自己的睡眠時間，或為了沒在4點起床而自責。甚至還曾有過一段時期，對原本的時間使用方式感到迷惘，而忽略什麼才是最重要的。

尤其是從懷孕到生產、育兒這段期間，我經歷了因荷爾蒙影響和孩子半夜哭鬧而夜不成眠，或因孩子突然發燒而打亂所有預定計畫等這些再怎麼努力都無法克服的狀況，使早睡早起的作息亂了套，令我十分煩惱。我甚至覺得改變並拯救了人生的早起習慣，有時反而成了束縛自己的「詛咒」。

「朝職」的成員也提過，雖然想早起，但為了配合工作或家人的狀況，要早睡實在很難，結果只好壓縮睡眠時間……這類的話語不絕於耳。

多虧了這些提醒，才讓我察覺到，對於想實踐朝活卻受限於各種不同狀況的大眾，光是宣導早睡早起的方法，還是有

它的極限。總之，在思考如何利用時間，乃至於自己的人生來進行朝活後，我意識到有必要來談談「時間」。

根據這些經驗，我在「朝職」中不只談論朝活，也會提供建議，讓大家**分析人生的時間分配，從中做出取捨，將時間集中使用在自己真正想前進的道路上**。而這些建議也讓成員們產生了大幅改變。具體來說，除了養成朝活的習慣外，還獲得以下成果：

- 首度接受媒體採訪（日經 Woman、集英社 Marisol、NIKKEI STYLE、集英社 éclat）
- 一次就通過公司的升遷考試
- 與公司交涉後，改採績效制且年收入提高
- 即使在新冠疫情期間，也成功跳槽到條件更好的公司
- 維持上班族身分之餘，每月還外加至少 3 萬圓的收入
- 維持上班族身分之餘，同時成為獨立的自雇者
- 一邊擔任公司員工，一邊成為作家或課程講師

關於如何在難以如願的狀況下創造並使用時間，我也是在不斷試誤後才得出結論的。在為想早起的人思考如何解決問題的過程中，我了解到，**如果想將朝活的好處發揮到最大、進而改變人生的話，就不能只改變早上的時間，而是要改變**

我們對 24 小時的解讀方式。

　　這本書是我一邊經歷著人生中的迂迴曲折，一邊持續傾聽並解決許多人關於時間的問題，才摸索出的一套集大成的時間術。不限於早晨，而是所有時間皆適用，甚至能運用於整個人生。

　　請跟我一起利用這套方法，獲得專屬你自己的時間，以最大的限度享受人生！

目錄　CONTENTS

前　言　自己想做的事不再延遲！Me Time 創造法／005

序　章　拿回專屬自己的時間

落入速成和高效率的陷阱，讓你變得更忙／018

只要以對方為優先，時間就永遠不夠用／021

我們能使用的時間並非24小時／024

零碎的時間容易消融於無形／027

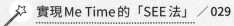實現 Me Time 的「SEE 法」／029

第 1 章　享受 Me Time 的基本心法

最好現在先做的事？／036

釐清「必須做」和「想要做」／038

Have to 和 Want 要絕對主觀，徹底滿足自我／040

分辨 Have to 和 Want 的方法【初級篇】／044

分辨 Have to 和 Want 的方法【中級篇】／050

選出真心想做的，其他放棄／056

工作與私生活的界線模糊化／059

消磨時間、發呆，是一種投資！／063

第 2 章　如何創造晨間 Me Time ？

Me Time 最有效果的順序是晨間→夜間→日間／066

早晨會讓我們大大忠於 Want／068

晨間 SEE 法的「S＝可視化」
寫出「100 項喜好」／071

晨間 SEE 法的「E＝編輯」
在令你有感的「喜好」上做記號／077

晨間 SEE 法的「E＝享受」
用「早起日記」預測今日／082

【小專欄】兼顧快速與醒腦的早餐／084

第 3 章　如何創造夜間 Me Time？

日間要應付的人會越來越多／088

夜間 SEE 法的「S＝可視化」
寫出現狀與理想中的例行事務／091

給忍不住告訴自己夜裡就該好好放鬆的人／101

夜間 SEE 法的「E＝編輯」
思考理想與現實為何產生落差／102

只要有備案，就不會沮喪／111

夜間 SEE 法的「E＝享受」
度過「快樂！有趣！舒服！」的夜晚／113

【小專欄】一覺到天亮！易消化又暖身的晚餐／116

第 4 章　如何創造日間 Me Time？

把日間時間也變成「我」的／118

日間SEE法的「S＝可視化」
【初級篇】保有多出來的「空餘時間」／121

日間SEE法的「S＝可視化」
【中級篇】將工作細分成小顆粒／126

日間SEE法的「S＝可視化」
【高級篇】思考人生中重要的「6大支柱」／134

日間SEE法的「E＝編輯」①
思考此時此刻以什麼為優先／139

日間SEE法的「E＝編輯」②
重新檢視不做的「心態」和「做法」／149

日間SEE法的「E＝享受」
利用「公私混同力」盡情享受／159

【小專欄】推薦「Power Nap」／168

第 5 章　如何利用行事曆創造 Me Time？

行事曆是全盤管理「SEE 法」的萬能工具／170

計畫不一定會如預期般進行／172

行事曆 SEE 法的「S＝可視化」①
將紙本的「綜觀」優勢發揮到極致／174

行事曆 SEE 法的「S＝可視化」②
建立回顧的行程／178

行事曆 SEE 法的「E＝編輯」
創造 Me Time 的手帳術／204

SEE 法的「E＝享受」
將期待實現的事排入預定計畫／210

透過 Me Time 一一實現自己的喜好吧！／215

後　記　　你怎麼利用時間，決定你的人生／217

附　錄　　🪄 Me Time 信條／219

—— 序章 ——

拿回專屬自己的時間

落入速成和高效率的陷阱，
讓你變得更忙

常聽人說「能者多勞」，因為太優秀了，自然而然就會被交付更多工作；又因為都能妥善處理，於是工作就變得更多⋯⋯

儘管能收獲成就感，相對的也得承受莫大的心理壓力。

近幾年來，有越來越多工作只要透過網路就能完成。起初我們以為這樣能減少出差，省下一些時間。

但現實是，原本必須花時間舟車往返，所以一天只能去一個地方；但省下交通時間後，一天就能多排好幾場會議，反而變得更忙碌。以前需要出差時，還能在出差地忙裡偷閒，以觀光的心情四處走走，但現在完全沒有這樣的餘暇。不僅如此，甚至會遇到公司內部會議結束後，緊接著開另一場跨國會議，連腦袋都來不及好好切換。

應該有不少原本就在家工作的自由工作者，以及能在另一

半出門上班時專注做家事的家庭主夫主婦們，也感覺到自己一直以來的生活節奏被打亂，因而不知所措吧。

精神狀態好的時候，或許還能將忙碌與變化視為「累積經驗值的機會」，但凡事都有一個限度。

超過這個限度時，若能示弱地向周圍求助，或是有人能幫助自己的話，那還沒什麼大礙。但若是想著只要捱過去就好，或認為都是自己處理能力的問題，一直苦撐到身心耗盡，那就得不償失了。

沒有時間，就什麼也做不了。那要如何才能創造出時間？

當一個人被逼急時，往往會努力尋找並實踐那些比別人快兩倍速度的做事方法、同時多工的方法、趁著眾人睡覺時超前別人一步，或是完成更多工作的方法等。

這樣的努力當然很了不起，實際上也可能真的縮短了工作時間，讓自己變得更有效率。

但是，拚了命地高效利用時間，就像在眼前吊著一根蘿蔔似的激勵自己不斷前進，一心想著：「做完這件事後就是自己的時間了！」但到頭來卻發現，等在前方的只有更多忙不完的工作時，你恐怕會為之愕然吧。

我們現在最應該做的，是知道要將有限的時間用在哪裡，

以及今後要把時間用在哪些事情上，並從中做出取捨。

「1天24小時根本不夠用！」再怎麼抱怨，也沒有人能擁有多過24小時的時間。既然如此，我們該做的事情就不是努力將24小時變成48小時，而要珍惜地在有限的24小時裡做好重要的事、停止沒必要的事，認真思考如何使用寶貴的時間，並根據自己的價值觀做出嚴格的篩選。

我想透過這本書提供給大家的生活提案，是將該做的事減少到讓自己有餘裕的程度，進而將多出來的時間充分使用在自己喜歡的、真心想做的事情上。

也許你會問：「這種事有可能辦到嗎？」我敢斷言，一定可以！

不用拚死拚活地擠出時間，也能確實感受到時間確實是充裕的。而且，你會把多出來的時間只用在自己身上，從中得到的充實感也將更勝以往。

當然，我不是要大家別再使用那些速成、高效率的方法，而是建議把時間花在對自己而言更重要的事情上，其餘的事還是可以用速成、高效率的方法去做。

只要能利用本書所提倡的方法，確保「Me Time」，你將會發現：自己過去被忙碌蒙蔽的雙眼頓時撥雲見日、澄澈了起來，找回審視哪些事物該花時間、哪些事物不該花時間的眼光。如此一來，你就會擁有比過去更多的自由時間。

只要以對方為優先，
時間就永遠不夠用

　　越老實認真的人，越會努力想盡辦法（有時甚至不惜壓縮睡眠時間）活用時間。

　　來找我諮詢的人當中，也有不少是煩惱著「1天24小時不夠用」「要是有兩個自己就好了」，認為只要自己早起且夠努力的話，就能擠出時間……並因為這類原因，而開始投入朝活的人。

　　苦於時間不足，最後想透過朝活找到解決方案的人，多半都是為對方著想、體貼的人。即使已經身兼家事、育兒與工作，分分秒秒都在全力運轉，仍想創造出自己的時間。他們的想法是，白天的話儘管有困難，但若是大清早，應該還是能騰出一點專屬自己的時間。

　　換句話說，這類人有著「比起自己，對方的事更重要」的強烈想法。因為把時間都用在對方身上，而騰不出時間給

自己，於是想著勉勉強強可以抽出時間做自己的事的唯一辦法，就只有早起了。

可是，不論經過多久，這樣的「剩餘時間」一樣會不夠用。畢竟是「剩餘時間」，這也是沒辦法的事。

那麼，**你要不要試著換個心態，先為自己確保充裕的「Me Time」，剩下的時間才是為對方而用呢？**也就是說，在時間的使用順序上，永遠把「自己」擺在最優先。

若不這麼做，我們就會逐漸忘記自己真正想做的是什麼。

突然空出時間時，儘管很開心，卻不知該如何運用，結果漫無目的地消磨掉所有時間……你是否也有過這種經驗？

在暑假之類的長假時，你是否也曾一心想著「所有想做的事都要做做看！」結果卻無能為力，到了假期最後一天，莫名感到沮喪？

有這類經驗的人，說不定就是過於優先把時間用在別人身上，卻對自己真正想做的事情感應遲鈍，才演變至此。

如果你清楚自己的心聲——「我想做這件事」，一有時間時，你應該就會立刻著手執行，而不會任由時間消磨殆盡。

此外，如果你開始糾結於「我為你做了那麼多」、感覺得不到回報，並因此產生不安時，就要注意了。請立刻切換成

「自己優先」，因為這是把時間用在對方身上更優於自己的訊號。

想在繁忙的日子裡創造出自己的時間，最大的關鍵就是**「自己的時間優先，對方的時間其次」**。

至今為止，為了對方不停努力、溫柔強大的你，即使做了這麼一點點改變，也絕不會遭受懲罰的。

我們能使用的時間並非 24 小時

　　容易以對方的時間為優先，除了「體貼」之外，還有一個原因，那就是你無法正確掌握留給自己的時間。

　　「沒時間」，換句話說，就是自己擁有的時間和該做的事之間存在著落差。

　　我們以為能使用的時間，與實際上能使用的時間，多半並不吻合。如果對現狀的理解有誤，應對方式就會跟著出錯，因此正確認識兩者之間的落差，是十分重要的。

　　我們傾向於思考「如何有效利用 24 小時」，但我們實質上的活動時間，是 24 小時減掉睡眠時間後剩下的。如果你的適當睡眠時間是 7 小時，那麼就必須思考，在 24 小時減去 7 小時後的 17 小時內，你要做什麼、你能做什麼。17 小時再減去日常活動和工作的時間後，你實際上能運用的時間又會變得更有限（參照下頁圖）。

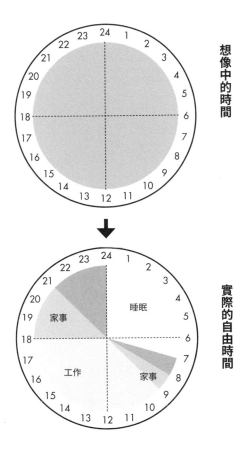

想像中的時間

實際的自由時間

（圖內標示）睡眠、家事、家事、工作

　　以工作時間而言，如果重新審視減去家事和自由時間後實質上可運用的時間，就會發現一般8至9小時的勞動時間裡，並非全部都是工作時間。

　　舉例來說，假設距離結案日還有1個月，我們往往會在前20天左右想著：「時間還很充裕，只要在最後10天趕上進

度就好。」但實際上可運用的時間並非 30 天，減去假日後，只有 20 天左右。而且，我們也不是只要做那項工作就好，還得把突發的緊急狀況也考慮進去。

除此之外，有時我們雖然有空，卻提不起勁做事；有時會缺乏工作動力；有時專注力已經耗盡。要是把這些時間全都算進去，就能看出真正可運用的時間多麼有限。

不僅如此，當我們發現時間預估錯誤而感到焦急時，往往會犯下一些平常絕不會犯的錯誤，為了挽回，又得再花更多時間。

如果只是粗略地以 24 小時、30 天畫分時間，幾乎都會無法吻合。為了不至於因時間估算不符而心慌，一開始就要先掌握「自己真正可運用的時間」。

拋開幻想，別再以為時間是無限的，只要用點技巧就一定擠得出來。時間本來就是不夠用的。不夠用的話，就要思考該如何使用。

掌握真正留給自己的時間有幾個小時，並且從一開始就要確保。剩下的時間，有必要的話，可使用速成技巧；若速成方式會降低效果，就專心把事情認真做好。

只要能做到上述所言，就一定能確實創造出「Me Time」。**讓我們把自己想做的事，一一放進有限的時間容器裡吧。**

零碎的時間容易消融於無形

　　我們必須一件一件決定要把時間花在什麼事上，不花在什麼事上，做出選擇並專注——或許有人會覺得：「這不是理所當然的嗎？」

　　那麼，為何理智覺得理所當然的事，現實中卻難以達成呢？這是因為我們的肉眼看不見時間，所以難以認清現狀。

　　雖然我們利用時鐘將看不見的時間可視化，但時鐘上的所有時間，並非都是能用在自己身上的時間。如 25 頁的圖所示，減去睡眠、工作、家事的時間後，一天之中可用來做任何事的自由時間，已寥寥無幾。

　　聽說，最近有些人會用「**時間融解**」來形容時間稍縱即逝的負面含意。我覺得這種說法十分貼切，它具體呈現出明明覺得自己什麼也沒做，時間卻有如冰一般融化於無形，不留下一絲痕跡的模樣。

　　如果是一塊巨大的冰塊，就會因為體積夠大，而不至於

快速融化，但我們擁有的卻是有限的、零碎的微小冰塊（時間）。正如微小的冰塊會在轉眼之間融解，我們有限的時間也很容易消融於無形。

接下來，就要進入正文了。在進入正文之前，容我先介紹一下貫穿本書的主軸——**「SEE法」**。

這是創造「Me Time」的重要步驟。〈第1章〉會先講基本心法；〈第2章〉起，則會根據「SEE法」來逐步說明「Me Time」。

S how ……將時間「可視化」
E dit ………編輯時間
E njoy ……享受時間

實現 Me Time 的「SEE 法」

　　視覺化觀察有限的時間，選取時間，並打造理想人生的方法，我稱之為「SEE 法」。如下方框內所示，先觀看原本看不見的時間，再重新審視時間，然後創造出「Me Time」。

　　「SEE 法」可說是時間的整理術。只要按照以下步驟重新審視時間，任何人都能為自己創造出 Me Time。

步驟 1：Show 將時間「可視化」

步驟 2：Edit 編輯時間

步驟 3：Enjoy 享受時間

步驟 1：Show
將時間「可視化」

將無意識度過的時間「可視化」，提升自己對時間的意識。

要進行改革時，成敗有九成取決於現狀分析。現在就先好好觀察自己目前所剩的時間有幾個小時，而自己所追求的又是什麼樣的狀態。

具體來說，就是觀察自己當下的時間運用，藉以掌握現狀。先從腦中提取自己正在使用的時間，再以旁觀者的角度觀察。當我們實事求是地凝視時間時，就會發現自己的思考習慣和時間的利用方式好像有哪裡怪怪的。

所擁有的時間和該做的事之間有無落差？是否在勉強自己做不喜歡的事？有沒有能放棄不做的事？是否不經意地蹉跎時間？透過將時間「可視化」，找出上述問題的答案，就是「Show」這個階段要做的事。

幫助我們退一步，用第三者的視角客觀審視時間的最大要訣，就是「全部翻出來再做選擇」。換句話說，就是要將卡在腦中的事物一口氣全部傾倒出來。

首先，要以看得見的形式攤開所有自己「正在負責的事」「邊做邊感到鬱悶的事」。正如我們在整理收納時，必須先掌握目前擁有多少東西，再將不需要的丟掉，然後為剩下的

物品安排擺放的位置，整理時間也是如此。我們必須先掌握目前有多少非做不可和想做的事，是真的被我們收納在名為時間的「盒子」裡。

此外，在這個階段千萬不要批判時間的使用方式，認定「時間不可以這樣浪費」。「Show」這個階段要做的，單純只是把所有事情從腦中提取出來，客觀地檢視它們而已。

步驟 2：Edit
編輯時間

在這個階段，要開始整理並選取時間。

以你喜歡且舒適為標準，為時間的利用方式設下輕重緩急，聚焦於完成該做的事，停止該停止的事。這是最重要的一個階段。跳脫世俗的價值觀，不要只是因為有人說要這樣就這樣，有人說要那樣就那樣；也不要因為看大家都是這樣成功的，就違背自己的心意，追隨他人的腳步；要以自己真正想做什麼為標準，完全基於自己的主觀加以選擇。

成為自己的人生總編輯，逐一整理在 Show 的階段中攤開的所有事情。

此時的重點是，認清你接下來要做的事情，究竟是「**Have to**」（＝必須做）還是「**Want**」（＝想做、想要）。

對自己而言是 Have to 還是 Want？以此為準則，明確決定出自己的方向、要傾注最大心力在什麼事情上、哪些事要增加時間、哪些事要減少時間。

一個人如果煩惱於得不到自由使用的時間，那他多半是體貼、經常替對方著想的人。因此如果要你「作罷」「拋開」「捨棄」某些事，或許你內心會有所抗拒；但只要看成是在「編輯時間」，你就能從「捨棄」所帶來的罪惡感和喪失感中解脫。若是捨棄物品，或許會因為失去一樣東西而在物理上感到不便。但時間上的捨棄則否，它是可逆的。當你試驗性地停止做某件事一段時間後，若覺得這樣不對，只要再把那件事重新編入你的時間即可。

你是自己的人生總編輯。你也可以把時間當成每季出刊一次的季刊雜誌來編輯，搭配當季的心情或時代潮流，將內容大幅改頭換面。這種做法應該挺有趣的。

步驟 3：Enjoy
享受時間

盡情享受編輯好的時間，隨心所欲地品味時光。

經過 Show、Edit 的階段後，你選出的專屬時間中，應該都不會留下任何「萬一如何如何就糟了」之類對未來的不安，

或是因「早知道我當時就該如何如何了」而產生的悔恨。既然自己決定了「我就是要做這件事」，那就要好好品嘗、盡情享受這個時間。

只要實踐這套方法、保全了你的「Me Time」，你就能不為過去或未來感到煩心地享受當下。

當你熟練 Show → Edit → Enjoy 的循環後，即使人生進入新的階段，你也能根據該階段的狀況，一邊順應時代潮流，一邊重新制定出理想的時間利用方式。「SEE 法」將會成為保佑你一生的護身符。

重新檢視時間，就是重新檢視自己的生活方式。

無論有過多辛苦的經驗，無論正處在多痛苦的狀態中，唯獨當下所處的這個瞬間是平等的。如何利用這個平等的時間？身為自己理想時間的總編輯，要如何編排出自己的時間？只有這樣做，才能讓變化發生在你身上。

這次要介紹的方法既簡單又能立即實踐，而且不花你一分錢就能做出改變。當你越常實踐，狀況就會越豁然開朗。

請將 Show 和 Edit 視為創造 Me Time 的方法，Enjoy 則是讓自己更愉快享受 Me Time 的方法。

讓我們用輕鬆愉快的心情開始吧。

歡迎進入這個
透過改變時間而開啟的新世界。

—— 第 1 章 ——

享受 Me Time 的
基本心法

最好現在先做的事？

　　原本一直忙於眼前的事，突然有一個空檔時，就忍不住想：「雖然某某事情還不急，但我看最好還是現在先做。」於是去做了這樣的事，結果得不到休息，疲憊感絲毫沒有消除……你是否有過這樣的經驗？

　　儘管有必要趁早著手進行「最好現在先做」的事，但這件事真的「最好現在先做」嗎？或者，好好享受此刻才是對的呢？這真是令人難以抉擇。

　　一個人責任感越強，越會為了消除對未來的不安而延遲休息、放鬆的時間，提前去做該做的事，最後卻往往沒有時間留給自己。

　　如果平常生活總是匆匆忙忙，就會疲於應付排山倒海而來的工作和突發狀況，心裡所想的就只有趕快把眼前的事處理好。當我們落入這種思考模式時，就不會去判斷自己在做的究竟是「真正想做的事」，還是「以為（被迫以為）自己

真正想做的事」，結果卻讓白費力氣的事、自己根本不想做的事、現在不做也不要緊的事……在轉眼間填滿了自己的人生。若養成這種做事習慣，即使在休息時間，也會因為不停擔心工作和未來，讓心靈得不到休息。

如果你長期忙碌到無法判斷事物的優先順序，或者好不容易得到了休息時間，卻總是心不在焉地想著其他事情的話，一定要趁早暫停一下。

如果無法判斷一件事是否現在就該做，很快的，「現在該做的事」就會越積越多，最後演變成無法挽回的爆滿狀態。

話雖如此，應該有人會說：「我忙到根本沒辦法暫停啊！」「要是有時間暫停，還不如先把手邊在忙的事解決掉！」這種心情，我懂。

所以在這裡，我要為大家介紹的，是隨時都能實踐、「最好現在先做，還是先不做」的判別法。

釐清「必須做」和「想要做」

　　根據我長年研究的結果發現，許多老是覺得自己被事情追著跑、對「沒時間」感到焦慮的人，他們的煩惱多半來自於優先順序的排列方式。

　　因為覺得這件事也重要、那件事也重要、每件事都重要，難以決定輕重緩急，於是什麼事都要親力親為，結果搞得時間不夠用，或者每件事都只好敷衍了事；又或者即使工作上有所成就，私生活卻一團糟。這種情況可說是因為太過忙碌，而將自己認為「好」的標準，跟旁人或社會認為「好」的標準混為一談，無法清楚分辨兩者差異。

　　我們必須分清自己與他人的標準，好好決定自己的優先順序。

　　為此，**我們應該開始養成習慣，針對平日所做的每一件事，逐一判斷究竟它是屬於 Have to（必須做）還是 Want（想要做）。**

・考慮到未來，覺得「不能不做」的事＝Have to。

・自己真正想做的事＝Want。

過度以 Have to 為優先，總想著「做完這件事再做 Want」的話，結果只會永遠等不到開始著手 Want 的那天。即使很難在一開始或現在就立刻去進行 Want，**也要在忙碌的日子裡、匆忙的生活中，事先為自己保有一段實現 Want 的時間。**

想要改善情況，就必須掌握現狀。所以，讓我們先試著辨識自己把時間用在什麼事情上？哪些事情是出於自己的意志而為之，還是受到周遭的委託或期待而勉強為之？然後，將自己做出的判斷可視化吧。

Have to 和 Want 要絕對主觀，
徹底滿足自我

在自己心中釐清那是「自我標準的重要性（想做的事）」還是「他人標準的重要性（最好去做／不做就糟了／不做的話會被當成人渣／這是自己頂多能做的）」。因為是在內心進行，不必昭告天下，所以可以放心地依絕對的主觀判斷。

例如，「明明想打掃，卻找不到時間，因而感到鬱悶」時，就用 Have to 和 Want 來分析一下你的「想打掃」屬於哪一種。

如果你的想法是：「讓地板變得閃閃發亮，這個過程無比舒暢又開心，我超愛！」「打掃時可以進入空無的狀態，彷彿靜坐打禪，所以我很喜歡」，那你就是「想要（Want）打掃」。只不過，如果是這麼喜歡打掃的人，應該不會等到有時間才做，而是每天都會積極投入打掃。

但若是因為忙到沒時間打掃，而覺得「家裡亂糟糟的，搞得心情也很糟，所以想打掃」的話，恐怕就不能說是想為了打掃而創造時間。換句話說，這不是「想打掃」，而是「必須（Have to）打掃」。

請別把這兩者的微妙差異混為一談，都用「想○○」來表達。讓我們藉此釐清自己真正想要的是什麼吧。

「一想到連打掃家裡這種基本該做的事都做不好，就覺得自己根本是廢物」之類的罪惡感，你也可以暫時放一邊。

不要管別人怎麼想，而要看自己此時此刻的真實感受。

知道自己真實感受的方法，也就是區分「Have to」和「Want」的方法。

當然，這不表示不喜歡的事統統不必做。因為一定有很多事情，是儘管我們不喜歡，但還是得去做的。

不過，只要理智知道自己「不喜歡」，我們就能停止糾結，進而有效率地加以執行，還能考慮用其他手段完成，像是把事情外包。所以，現在就讓我們從這裡開始吧。

「其實不喜歡打掃，但喜歡乾淨整潔的空間，所以想趁有空時搜尋一下輕鬆掃除的方法，或把打掃工作都交給別人去做。」當你發現這才是你的真心話時，就能把時間用來搜尋

如何輕鬆打掃。若自身情況允許，甚至還可以僱用清潔工，或與家人商量，而不用再獨自苦惱，這麼一來，你還有機會把原本的打掃時間化為 Me Time。

這裡舉出日常掃除作例子，但實際上應該有更多事情會讓我們在 Have to 和 Want 之間搖擺不定。

經常看見新聞標題寫著「百歲人生的時代」「養老金至少要 1000 萬」「2 份基本工資才能養家」，又聽到網紅們誇誇其談「上班族沒未來」「這些職業 10 年後會消失」……受到這些消息的影響，有些人焦慮地想「再不改變就來不及了」，而開始準備副業或試圖轉換跑道。若是出於「這種行業會越來越衰退」「現在的公司很難轉型」「沒有副業收入的話未來恐怕難以生存」等想法，而試圖轉換跑道或兼差的話，那就是 Have to。

如果你喜歡現在的工作，不妨抬頭挺胸、繼續待在目前的職場，不必受周圍的聲音或媒體報導左右。只要將心力投注在現在的工作、專注其中，進而嶄露頭角，自然就會成為搶手人才，屆時不論要轉換跑道或兼職副業，都將易如反掌。甚至還有可能不必強迫自己把精力瓜分給副業。

現在不為將來做準備、不多學些東西的話，之後可能會有大麻煩……如果是因為這種理由而「想做」，那就不光是

Have to，還包含不知道未來會如何的莫名擔憂。也就是說，其實你是不想做的。

即使想擠出時間來做這些事，仍會因為急迫性不足或嫌麻煩等理由，而不斷向後推遲。

讓我們先從了解「什麼才是對自己而言的 Want」開始做起，也就是先了解哪些才是能讓自己主動進行、不會往後推遲的事。

分辨 Have to 和 Want 的方法【初級篇】

▌了解「為什麼？」

過著忙碌的日子，會讓人逐漸迷失自己的真實想法。

因此，這裡要介紹辨別自己「想做的事」究竟是 Have to 還是 Want 的簡易方法。

①在筆記本左邊寫上「想做的事」，不分公私一一列舉。

②在想做的事的右側寫上「為什麼？」並寫出想做的理由。

③理由較正面就是 Want，較負面就是 Have to。

想做的事	為什麼？
○ 想找出自己能從事哪一類副業！	○ 因為怕被裁員。
○ 想減重5公斤！	○ 因為想漂漂亮亮地穿上自己喜歡的連身裙。
○ 想搬去靠海的地方住！	○ 因為感覺在海邊工作，自己既做得來又開心。
○ 想為了考證照而早起讀書！	○ 維持現狀的話，就無法提高薪水。

正如上表所示，讓我們一項一項來看。

・想找出自己能從事哪一類副業！
因為怕被裁員。

・想減重5公斤！
因為想漂漂亮亮地穿上自己喜歡的連身裙。

・想搬到靠海的地方居住！
因為感覺在海邊工作，自己既做得來又開心。

・想為了考證照而早起念書！
維持現狀的話，就無法提高薪水。

綜合以上內容，我們可以做出以下結論。

「想找出自己能從事哪一類副業！」「想為了考證照而早起念書！」
　→為了逃避負面事態的「Have to」。

「想減重5公斤！」「想搬到靠海的地方居住！」
　→發自內心想做的「Want」。

像這樣以「為什麼？」仔細檢視內心的真實心聲，就能幫助我們找出自己真正想做的事是什麼。

▍也可以透過 Have to 和 Want 來分辨
　是否該以速成的方式進行

雖說如此，較偏向 Have to 的「想做」也是不容忽視的。說不定實踐過前面所介紹的做法後，有些人會驚恐地發現自己的現狀都被「Have to」填滿，Want 只剩一成不到，甚至有可能是零。

你可能也會想：「自己又不是個追逐夢想的人，想過著踏實的生活，就不得不把 Have to 也確實做好啊……」畢竟有些事情要是不趁現在有空時準備好，到時候就會來不及。

人生在世，有些事情就是非做不可，還是得有一定程度的妥協。

既然你已經意識到現在所做的事是「Have to」，那你或許會浮現另一種想法：不妨把這些事交付、發包給真正想做的人（若有的話，也可以是能完成任務的家電或機械）去做。不得不親力親為的話，也可用高效率的方式快速完成 Have to，把多出的時間留給真正想做的事。

速成技巧就該使用在 Have to 的事情上。

　　不是凡事都要透過速成術、生活駭客（Lifehack）來一味提高效率，真正該做的是分辨出哪些事物該以高效率的方法進行。為此，請務必養成以絕對主觀角度審視 Have to 和 Want 的習慣。

　　回到前面的例子，關於「想找出自己能從事哪一類副業」，我們知道背後的真實心聲是「因為怕被裁員」，如此一來，我們就會發現比找副業更要緊的事——若不想被裁員，就應該在目前的職場做出成績，進而受到肯定；應該讓自己的內在動力提升，或應該以找尋自己想做的事為優先。如此一來，就能看出時間運用的優先順序了。

非進行不可的 Have to 執行法

　　在 Have to 中，應該也有一些是為了自己的將來而非做不可

的事。雖然理智知道「想做」「必須去做」，但老是提不起勁，而忍不住往後拖延⋯⋯這種時候，只要想像達成後的具體情境，就能讓幹勁泉湧而出。

與其抱著不安去執行，不如想像達成目標後會變成什麼景象，才更能找到自己的 Want。

舉例來說，假設我們遇到下列情境：做為工作的一環，非取得證照不可，所以必須擠出時間來念書。

「非念書不可！」當我們這樣鞭策自己時，往往會被眼前的享樂奪去目光，而延遲了該做的事。因此，我們不妨細數當自己取得證照後，能獲得什麼愉快的事，進而將 Have to 改寫成 Want。

雖然「念書」「通過證照考試」是 Have to，但隨之而來的以下事項應該就是 Want 了吧？

- 留下肉眼可見的努力成果，會令人感到開心。
- 想讓薪資提高。
- 想讓自己的時間增加。
- 想得到裁決權，在工作上有更大的自由度。
- 也想將其運用在將來的副業上！

眼前的「念書」雖然很辛苦，但若能如同上述、將眼光投向未來的話，就會發現其中存在著許多 Want。

分辨 Have to 和
Want 的方法【中級篇】

▌觀察正向變化量

接著介紹另一種辨別 Have to 和 Want 的方法。

如下頁圖所示，將縱軸設為從 Have to（必須做）到 Want（想要做）的變化，將橫軸設為正向的變化量，並思考自己想花時間完成的事，分別屬於哪個領域。這麼一來，就能清楚地看出，應該如何為自己的 Have to、Want 設定輕重緩急了。

【優先度1】偏 Want 且正向變化量大
這是對自己而言很重要的事，所以絕對要留下來。
【優先度2】偏向 Have to 且正向變化量大
雖然是必須做的事，但完成後會得到很大的成就，所以要從「必須做」的更遠處尋找出未來的 Want。
（例：為有助於升遷的證照備考→想像加薪後可預見的愉快世界）

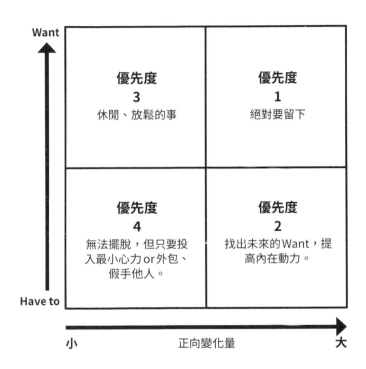

決定 Have to 和 Want 優先度的四象限圖

【優先度3】偏向 Want 且正向變化量小

興趣、休閒和放鬆就是屬於這一類。

【優先度4】偏向 Have to 且正向變化量小

真心不想做且變化量又少，所以能不做就最好不做。無法不做的話，就讓自己投入最小心力或思考外包、假手他人。

比方說，這是一件自己有動力去做，也能得到好處，而讓你覺得「我絕不想放棄！」的事，那就是偏向 Want 且正向變化量大，屬於「優先度1」。

相反的，一件事雖然做了，也儘管正向變化量大，但你「不得不做」的心情大於想做的心情，那就屬於「優先度2」。

工作、學習、生活習慣……將自己在意的 Have to 和 Want 放入圖中思考看看。

這樣就能更輕鬆地決定出接下來該做事項的優先順序。

▌將忍不住拖延的事情加以分解

截止日期迫在眉睫，卻忙碌得無暇處理，反而透過一些平常不會做的打掃、做菜、整理電子郵件來逃避現實——任誰都有過這樣的經驗吧？

我們會這樣逃避現實，通常是因為搞不清楚該從何開始、如何開始著手使然。看不見整體樣貌而感到不安，因此拖延

此事；再加上對於需要花費的時間也只能掌握個大概，於是等到最後一刻才開始動手時，時間反而不夠用。

為了不要到最後才焦慮時間不夠用，或讓一顆心懸在那裡不好受，應該要趁早釐清做事的步驟。為了讓事情便於執行，先將該做的工作或家事分解成細項，後面就能不加思索地執行，這時心情自然會輕鬆許多。

我將這種做法稱為「**分解成小顆粒**」。只要分解成小顆粒，就不會一邊懸著一顆心，一邊拖延事情，到最後才來著急。

比方說，你的任務是：「今天一定要為考取公司所需的證照而開始念書！」接下來就將這件事分解成小顆粒。

首先想想看，從開始念書到參加考試，這段期間有哪些事情要做，將你可以想到的統統記下來。

① 蒐集與考試有關的資訊。
② 決定報名補習班或自修。
③ 調查大家比較推薦哪些參考書和題庫。
④ 購買參考書和題庫。
⑤ 閱讀參考書，理解整體概要。
⑥ 歸納出參考書重點。
⑦ 將該背的地方背起來。
⑧ 反覆做題庫。
⑨ 接受模擬考試。

接著，將參考書和題庫依章節分解成小部分。

① 參考書第1章

② 參考書第2章

③ 參考書第3章⋯⋯

① 題庫第1章

② 題庫第2章

③ 題庫第3章⋯⋯

分解至此，我們會發現「念書」中，包括了「蒐集資訊」「閱讀參考書」「做題庫」「背書」四大要素，而「閱讀參考書」「做題庫」「背書」又視參考書和題庫的章節數，而有多少小顆粒（參照下方圖表）。

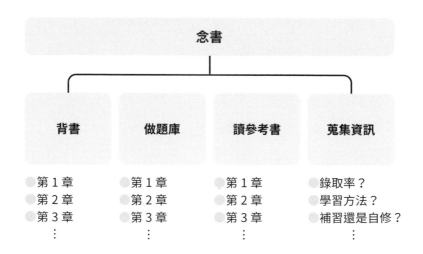

這種做法雖然一開始很麻煩，但將小顆粒細分出來後，我們就能看到整體樣貌了。

當我們看得見整體樣貌時，也就能大致掌握所需時間，知道按照現在的步調是否能趕上截止日期、哪個部分能使用多少時間等，這麼一來，也便於我們安排日程。「總覺得自己一直忙東忙西，忙得不得了，但回顧這段時間，卻發現事情一點進展也沒有。」像這樣的無力感，也會在用了這個方法後消失。

此外，因為也能計算達成率，所以還能分析為何辦到、為何沒辦到。

分解成小顆粒後，只要有任何一個小顆粒是自己能馬上著手的，也就能擺脫「明明很努力卻一事無成」的無奈。

順帶一提，為考證照而念書時，蒐集資訊很重要。

在毫無計畫地購買熱門參考書和題庫、開始備考之前，請先花時間調查好何時考試、及格率、考試時數、考試題目形式（選擇題或問答題）、平均備考時數、題目數量、評分標準、所需的備考時數等。

選出真心想做的，
其他放棄

　　之所以焦慮時間不夠用，除了無法區分 Have to 和 Want 之外，還可能因為腦容量被用盡，所以對於本來可以不做的事，也變得無法做出「不做」的判斷。**若將大腦的記憶體用到極限，我們就會因為疲勞而無法思考。**

　　電腦如果記憶體不足，運作起來就會卡頓，大腦也一樣。所以一定要經常清理，盡量空出腦容量。

　　一個人如果會煩惱該如何管理時間，每天想盡辦法擠出時間的話，他對人生一定是積極進取的。我暱稱這樣的人為**「這也要那也要族」**。

　　本書雖然奉勸大家不要「這也要那也要」地填滿 1 天 24 小時，但一個人若一直過著「這也要那也要」的人生，就有可能下意識認為「不做＝放棄」。明明只要努力就能做好更多事，不做的話，就好像輸給自己似的——你是否也有同樣的

想法呢？

但，不做不一定是放棄。

不做並非「放棄」，而是「認真選出自己真心想要做的事情」。順從自己心底的欲望，不做「莫名覺得還是做一做比較好的事」。

只要這樣想，對於「不做」的牴觸，是否就減少一些了？

尤其是「這也要那也要族」，一開始最好不要抱持著「捨棄」「作罷」「拋開」的想法，才能順利地為自己創造時間。

首先，你要翻出腦中所有令自己在意的事，也就是那些「想做的事」「不能忘記的事」「心上懸著又找不到答案的事」等，然後從中挑出應該先處理的事、想去做的事。這就是我所說的「**全部翻出來再做選擇**」。

養成這種習慣、清出空閒的腦容量後，就能流暢地編輯自己的時間，也更能判斷哪些事該留著，哪些事該作罷。

舉例來說，**在筆記本或行事曆上寫下所有今天想要處理的任務。**之所以使用筆記本或行事曆，是為了不讓寶貴的腦容量被占據。

也可以利用手機上的筆記APP，但使用手機的話，經常會

順便做起其他事情，而讓那些事占據腦容量。

如果你能用鋼鐵般的意志，在手機上只做「記下任務」這件事，那麼使用手機也無妨。但我認為筆記本或紙本行事曆會是比較便於執行的選擇。

不完全屬於今天一整天的任務，像是「今天不做也罷，明天再做就好」的事、「下週的這件事讓人很不放心」的事，也請先一併寫下。寫的時候，就當做透過寫出「必須記在心上」「非做不可」來清空心理壓力、心理負擔。

全部翻出來後，接著就要挑選出「絕不能退讓」的事。

然後，剩下的其他任務，統統不做。

這麼一來，不做就會變成「認真選出自己真心想做之事的結果」，而不再是「放棄」了。

只要持續這麼做，決定哪些事「不做」就會越來越容易，進而可以用心處理自己所選的重要事項。

工作與私生活的界線模糊化

讓工作模式和私生活模式保持弱連結

關於時間不夠用的煩惱中，有一種是由於「工作度假」（邊工作邊旅行度假）的增加、遠距工作和文書工作逐漸混合的環境、副業需求增加等因素，使得工作模式和私生活模式無法好好切換。

因為在家工作，而難以將工作和休息分開，有時心裡一邊告訴自己得做事了，一邊卻又怠惰地殺時間；有時心裡明明想在截止日前提早做好，實際卻一整天都在上網，非拖到最後一刻不可……這種經驗你也有過吧？相反的，透過網路遠距工作，反而會因為身邊沒人看到，而擔心會不會被以為在偷懶，而想方設法地強調「自己正在工作」。或害怕孩子突然身體不適，而必須把所有事情提前處理，於是明明有多出來的時間，卻要用來處理最好事先處理的事，結果變成過度工作……這些例子時有所聞。

因為這樣的問題意識，許多人或許會覺得，工作和私生活最好徹底分開。但我卻認為，應該**把工作或私生活放在一起思考**。這是因為我們可以預測到，今後的社會裡，工作和私生活的界線一定會越來越模糊。

　　在新冠疫情爆發以前，從某方面來說，上班可以說是促使我們建立規律生活的重要關鍵。幾點起床、搭幾點的電車、抵達公司之後喝上一杯咖啡、收收電子郵件……我們能像這樣按照一定的規律工作，就是因為有「進公司」的強制性才能維持。

　　然而，在家工作無法期待這種外在的強制力。和過去相比，**靠自己建立起生活規律將變得更加重要**。

　　我們將腦中事物「全部翻出來」時，重要的是不必明確畫分是工作還是私生活，只要按照自己想到的順序全部列舉出來就好，就算沒分類也沒關係。

　　因為若試圖分辨「這是工作」「那是私生活」的話，就會額外占據腦容量，使我們的列舉不停被打斷，而無法一鼓作氣地將事情全部翻出來。

　　此外，當你產生「不想進公司」「一到週一就憂鬱」的心情時，或許會不禁覺得工作的一切都是「Have to」，其中沒

有任何自己想做的事；然而將所有事情都寫出來後，你一定會發現**工作中也暗藏著 Want**。比方說，看到顧客開心的樣子，就會很高興；業績因自己想出的點子而提高，就會感到很滿足。

這些根本性的喜悅，是我們在工作和私生活相互混雜的狀態加以列舉時，才能察覺到的。

當我們知道工作中也一定存在著 Want 後，我們就能思考出將 Want 最大化的方法。

訣竅是向經營者和自由工作者學習，讓工作與休閒相互連結

最近，不僅 IT 新創公司等對勞動方式本來就抱持著彈性思維的企業，連製藥公司、銀行等傳統大企業，也慢慢開始解除對副業的禁止令。2022 年 6 月，日本厚生勞動省發布了一項方針，要求企業公開允許員工從事副業的條件等相關規定。社會上，有些人在隸屬某企業的同時，也是一名自雇者，將自己的強項發揮在其他領域，已是越來越理所當然的現象。

這本是值得高興的事，但要在本業之外兼差副業，就會令人擔心有限時間會不會更加緊縮了。在本業以外的時間勞動以補貼生計，這種勞動方式會變成一種時間的販賣，因此讓

本業、副業和私生活互相產生良性循環，才是理想狀態。

因此，值得我們參考的，就是那些工作與私生活向來界線模糊的經營者和自由工作者的時間利用法。

我因為工作的緣故，經常接觸到經營者和自由工作者，他們的共通點是「工作與休閒的界線不明確」。即使是假日在公園裡和孩子遊玩時，或早上一邊吃早餐一邊看著熱門新聞時，不少人會突然想到新的商業服務；同時，也會從「如何才能享受專案帶來的樂趣？」「怎麼做才會讓自己興奮雀躍？」的角度思考工作。

或許你認為「老想著工作的事，不能切換到休息模式，實在太令人窒息了」，但這些人恐怕根本沒意識到自己是在思考工作的事。**不是工作模式的全開或全關，而是適度地穿插 Me Time；就算在 Me Time 中，也一直處於工作模式微弱開啟的狀態。**這麼一來，就會在無意間得到天外飛來的靈感。

大家是否也有過這樣的經驗？當自己打起精神、坐在辦公桌前，開始全神貫注地思考新點子，卻怎麼絞盡腦汁也想不出任何靈感；但在度假出遊中，一邊泡著溫泉一邊放空時，卻突然靈光乍現。

要以「微弱開啟模式」讓工作和休閒同時並存的話，我的建議是，將工作與私生活並排在一起，慢慢將兩者微弱地連結起來。

消磨時間、發呆，是一種投資！

經常聽到有人說，他們只要消磨時間或放空發呆，就會產生罪惡感。

但我敢篤定地說，**消磨時間、放空發呆是一種「投資」**。所以，不必為此感到心煩，光明正大地為自己騰出這種時間吧。

這種時候有一個很好用的詞彙，就是「**策略性**」。貼上「策略性」的標籤，讓自己正大光明地休息。

在推廣早睡早起時，我經常會說：「就算睡過頭、睡回籠覺也沒關係！」睡過頭和睡回籠覺，都有助於提高日間的表現。既然如此，即使今天不小心睡過頭，也可以為自己貼上一個新標籤——「我今天策略性地睡了回籠覺」。藉此令自己感到心安理得後，再展開一天行程，這才是理想的做法。

讓我們把這個「策略性」一詞，也使用在消磨時間、放空發呆的時候吧。有空白、有休閒，才能生活得張弛有度。休息或暫停是投資，而非偷懶。**就讓我們策略性地製造 Me**

Time，把消磨時間和放空，當做是送自己一段用來認真思考未來的時間。

　　策略性的時間投資並非只有消磨時間和放空而已，請育嬰假、請產假也是其中一種。

　　某位擔任文案寫手的朋友，在產假結束、回到工作崗位時，見到同事說的第一句話，不是「不好意思，給各位添麻煩了」，而是：「我去念了一趟育兒大學回來了！」

　　「不愧是文案寫手！」聽到這件事的當下，我對她的遣詞用句感動不已。既然是「念育兒大學」，就能讓她有自信地覺得自己獲得了一段培養多元視角的寶貴時間。只要改變貼在自己身上的標籤，就能感覺到自己不是「休息了一段時間」，而是「累積了無可替代的育兒經驗，如今升級歸來」。

　　為了讓自己無論何時都能不受罪惡感束縛地盡情享有 Me Time，當你一產生「休息是不對的」「好有罪惡感」的想法時，請立刻用「策略性」一詞翻轉你的標籤。

—— 第 2 章 ——

如何創造晨間
Me Time？

Me Time 最有效果的順序是
晨間→夜間→日間

　　根據多年的研究結果，我發現要獲得自己真正想要的時間，最容易執行、最容易展現效果的時間利用法，是以「晨間→夜間→日間」的順序來檢視。因為這是最容易憑個人的努力而改變事物的順序。

　　有不少人會趁著長假等一段較完整的時間，去做自己真正想做卻又一直無法進行的事。或許還有些人有過這樣的經驗——假日加班時，因為不會被突發性工作打斷，反而能迅速完成進度。

　　我們可以在早晨創造出完全相同的環境。

　　因為只要自己早點起床，就能獲得不受任何人、任何事物干擾的自由時間。

　　再者，早晨有「到出門上班時為止」「到孩子起床時為止」「到家人出門時為止」等，不得不遵守的時間限令，這些都能成為有利的限制條件，讓我們得以思考回推「如何在

這段時間裡創造 Me Time」。為了創造 Me Time，就必須乾淨俐落地解決其他事情，於是我們也能因此鍛鍊出取捨的能力。

先逐步累積「如願使用時間」的成功經驗，使其成為習慣後，再進一步將自己能自由使用時間範疇拓展至夜晚，接著拓展至日間。那麼，就先從審視早晨的時間開始吧。

雖然我寫書推廣「清晨 4 點起床」，但實際上並沒必要以「清晨 4 點起床」的超早起為目標（當然，能得到充足睡眠且醒來後感覺很舒暢的人不在此限）。**哪怕是上班、上課前的短短 30 分鐘或 1 小時都好，讓我們在晨間為自己保有一段個人的時間吧。**

只要有過一次這樣的經驗，就會想在白天和夜裡也體會到那種愉悅。為此，就讓我們從晨間的 Me Time 開始做起吧。

早晨會讓我們大大忠於 Want

「每天都在手忙腳亂地趕時間，哪可能擠得出時間！」

這種心情我懂。對早晨總是匆匆忙忙的人而言，要創造晨間 Me Time 難度確實很高。

但請放心。**你只要在早晨做一件最喜歡的事情就好。**

如果是為了令你開心的事、興奮的事，是不是就能讓你產生「只要稍微努力一點，應該就能擠出時間了」的想法？

早晨會讓我們大大忠於 Want，這就是 Me Time 的關鍵。

你怎麼度過早晨，將會影響你一整天的狀態。比起做什麼事，你的心情感受更需要被優先考慮。

有過因考試沒準備好或作業沒寫完，而在早上苦讀或趕作業；或因為工作做不完，第二天一早加班處理這類經驗，而覺得「朝活」很痛苦的人應該不少吧。

然而，會以為朝活＝痛苦，是因為我們用了 Have to 來開啟早晨的時間。對不習慣早起的人來說，光是早起就夠辛苦

了，還得勉強做不得不做的事，當然會覺得痛苦萬分。

我一直在傳授早起的方法，長年來得到了一個心得，那就是早起是一把「雙面刃」，會讓自我肯定感大起大落。

只要成功早起，就會情緒高昂，覺得：「我好棒！」「我可以！」但早起失敗時，情緒就會一口氣跌到谷底，心想：「連前一天下定決心的事都做不到，我的意志力實在太薄弱了。」情緒於是呈現巨大落差。

從根本來說，對以往總是晚睡的人而言，早起是生活作息的大搬風，要將清醒時間一口氣調整到早晨，是需要改變習慣的。

習慣是長年的累積，光是努力個幾天，很快又會恢復原狀。這就像急速減重後，很快復胖一樣。

所以，**晨間 Me Time 跟幾點起床沒什麼關係，要優先考慮的其實是此時此刻你想做的事、令你開心的事、能讓你放鬆心情的事。**

話雖如此，如果手邊有事不做會感到鬱悶，或者有事情懸在心上而無法安心時，則不在此限。

早晨要先排入自己想做的事。如果有不做就會鬱悶、掛心的事，就將它快速解決掉，讓自己感覺神清氣爽。這也算是一種想做的事（Want）。

大家應該至少有過一次這樣的經驗：因為做自己喜歡的事而感到開心、感激一天的時間如此之長，或是因為早起而能順利地推進工作。如果天天都能體驗這種好心情，不是太棒了嗎？

　　擁有這種生活的訣竅，就是**在一大早為自己準備「快樂！有趣！舒服！」的事情**。移除大腦中「朝活＝痛苦經驗」的刻板印象，慢慢將自己的認知轉變成「早起是有趣的」，而使自己漸漸能起得更早。

晨間SEE法的「S＝可視化」 寫出「100項喜好」

首先，列出一份「100項喜好清單」，藉此找出可以在晨間 Me Time 享受的事。推薦各位可以用這個方法來了解屬於自己「快樂！有趣！舒服！」的事。為了讓清單更容易一目了然（Show），以及方便歸類整理和編輯（Edit），使用紙本筆記本會比用手機或電腦更好。

一口氣寫不完也不要緊。利用早晨的時間，一點一點慢慢列舉即可。這是創造並享受晨間 Me Time 的前置作業。

寫出100項喜好後，你的「快樂！有趣！舒服！」清單就完成了。你可以趁著晨間 Me Time，逐一挑出清單中的喜好並盡情享受後，再展開一天行程，也可以透過之後將說明的 Edit，發掘自己的價值觀。

這是一件令人興奮雀躍的事，請以輕鬆愉快的心情實踐吧。

重要的是「喜好」而非「想做的事」

　　或許很多人都聽過「100 項想做的事情清單」。雖然列舉「100 項想做的事」並無不可，但「想做的事」總會有「不得不做的事」（Have to）混入其中，因此清單列舉到最後，可能會逐漸背離「快樂！有趣！舒服！」的心情。但如果列舉的是「100 項喜好」，應該就不會有「否定詞」混入其中了。

　　比方說，列舉「想做的事」時，如果你寫的是「希望能不必為錢煩惱」，就會忍不住想到自己目前的經濟狀況堪憂；但若將焦點放在「喜好」上，就有可能會寫「想要的東西買好買滿」。這麼一來，它不會提醒你錢不夠用，你的心情也會更放鬆、更輕盈。換句話說，這會讓你更容易將注意力放在「快樂！有趣！舒服！」的感受上。

　　切勿在「喜好」中摻入「Have to」。這份清單裡，只能單純地列出令你感到輕鬆愉悅的事。

　　Me Time 是純粹以自己為重的時間。不要讓「最好現在先做的事」「為了他人而做的事」過分占據你的心思，而忽略了你純粹「想做」的事。列舉出自己的「喜好」清單，讓你的早晨時間成為一天最好的開始吧。

「喜好」不必局限於名詞或動詞，想到什麼就寫什麼，將存在腦中的「全部都翻出來」，順序亂無章法也無妨。

寫到超過100項也沒關係，但在還沒寫到100項以前，就要繼續絞盡腦汁地寫下去。遇到瓶頸時，想想看什麼事會讓你覺得：「做起來一定有趣得不得了！」也可以列舉出過去能激勵你的話，或蒐集令你得到喘息、心情放鬆的行動或話語。

透過「100項喜好清單」 讓自己隨時都能回到Want

你當然可以用回覆電子郵件、檢查要提交的文件、截止日期迫近的事情等事項填滿早晨時間。即使如此，我還是建議你至少先嘗試完成一次「100項喜好」，趁著早晨上學前或上班前，每次寫個幾項就好。

有時候，當我們進入工作模式、業務處理模式後，就很難回到Want的情緒。如果事先寫好「100項喜好」的話，即使一開始優先處理掛心的事，但事情辦完、稍稍喘息後，只要拿出清單來看，就能讓你立刻進入Me Time模式。

事先寫好「100項喜好」，能讓我們在被Have to填滿的日常生活中，一旦空出一段時間，就能瞬間想起自己喜愛的事物。

寫出100項喜好，用 Me Time 實踐

那麼，就讓我們立刻實踐。在筆記本上寫下讓你感到期待、全心投入的事，寫越多越好。

細枝末節的小小「喜好」也無妨，例如「喜歡早起打開窗戶，讓屋內的空氣得以流通」等。或者「喜歡讀書」「喜歡一邊喝咖啡一邊吃零食的時間」這類**與早晨毫無關係的內容也沒問題。也可以不寫行動，只寫一個詞彙，像是「咖啡」**。列舉出100項喜好後，就能看出自己的傾向。

不用在意內容重複或有的是名詞、有的是動詞等小事，想到什麼都盡量列舉出來。

如果你有「起得早卻一直在發呆」「不停上網打發時間」的狀況，就表示你想在早起從事的「喜好」不夠明確。你不覺得，光是從100項喜好中，一件一件地挑出來嘗試，就能讓 Me Time 變得很美好嗎？而且「難得起個大早，早晨卻無事可做」的狀況，從此也將不復存在。

列舉出100項喜好還有另一項好處，那就是看出自身興趣的大方向或隱藏在「想多學習」背後的真心話。

例如，別人問我們：「你想利用朝活多學習的理由是什麼？」這時我們可能一時給不出明確的答案，但隨著列舉出越來越多的「喜好」，或許就會發現「因為我喜歡了解未知

世界的過程，所以喜歡學習」，或者「因為越是深入學習，越能看見效果，所以我喜歡學習」，於是知道了自己喜歡學習的理由，這會令我們感到心情舒暢。

▌真的寫不出100項該怎麼辦？

覺得自己怎樣也寫不出 100 項「喜好」的人，或許是因為覺得非得認真寫、非寫得嚴謹工整不可，才無法流暢地列舉。

類似的詞語反覆出現也沒關係，只有一個名詞（蛋糕或茶）也無妨；有的冗長，有的簡短，毫無統一感也可以；即使是雞毛蒜皮到懷疑人生也無所謂。請放開大腦和心靈的束縛，帶著輕鬆的心情嘗試。如果相同的事重複寫了好多次，或許正代表那是你內心真正喜歡、無法妥協的事，才會一再寫出來。

就算這樣還是寫不出來的話，也可以用聯想遊戲的方式進行，從已經寫出的詞語開始聯想。舉個例子：喜歡兜風 → 喜歡開車 → 喜歡在副駕駛座享受沿途風景 → 喜歡為出遠門擬訂計畫。

反覆聯想，就能讓原本輪廓模糊的「喜好」逐漸變得清晰。

不確定什麼時候寫出「100項喜好」好？

列舉「100項喜好清單」並沒有一個最佳的時間點或最好的書寫頻率。

但人是會隨著環境而改變的,定期列舉的話,就會看出自己「喜好」的變遷,這樣也頗為有趣。**因此建議不妨以半年或一年一次的頻率,回顧一下自己的清單。**

晨間SEE法的「E＝編輯」
在令你有感的「喜好」上做記號

接下來是Edit的「E」。讓我們進入晨間Me Time前置作業的下一步驟。

前面列舉出的100項清單中，應該有特別觸動心弦的詞語，也就是會令你「很有感」的關鍵詞。請在這樣的詞句上打個「○」。然後，一邊看著被打上「○」記號的關鍵詞，一邊思考：「背後真正的想法是什麼？」這麼一來，你就能用自己的價值觀開始對「喜好」進行編輯。

▌知道「喜好」，就能看出自己的真實想法

舉個例子，假設以下詞句令你「很有感」：計畫旅行、為旅行做準備、為露營做準備、為家庭派對做準備、思考解決方案、受人所託。你可以一邊看著這些關鍵詞，一邊自問：「背後真正的想法是什麼？」然後你可能會發現，你喜歡的

是以下這些事情：

- 被賦予功課
- 思考
- 動腦筋改善
- 令對方感到開心

即使眼前的工作遭遇瓶頸，只要你知道自己的本質是喜歡受人所託，然後加以思考、動腦筋改善，最後令對方感到開心的話，你可能就會發現「我本以為自己討厭工作，但其實我可能沒那麼討厭」，如此一來，心情可能就會變得輕鬆不少。

因為無論是計畫旅行，還是工作，其實同樣都是思考受人所託之事並動腦筋改善，最後令對方感到開心。像這樣進一步深入思考自己很有感的「喜好」，自己的價值觀也會逐漸跟著改變。

當「喜好」的輪廓越來越清晰時，對於什麼樣的生活形態、將來做些什麼才更符合自己的「喜好」，你將會有更清楚的概念，同時在編輯時間的使用方法上也有所助益。

「喜好」的項目多到難以收拾怎麼辦？

如果你看不出自身喜好的傾向，覺得興趣氾濫到令你感到混亂的話，就試著**將具有相同「氣味」的「喜好」歸為一類**。

這裡所說的「氣味」是指「說不出理由，但就是覺得哪裡有些相似」的摸不著邊的感覺。用「氣味」歸納之後，接下來要說出每個類別的共同點，就會比較容易了。

比方說，「喜好」的關鍵詞中包括以下項目：

寫手帳的時間／一個人的時間／朝活／星野源／逆轉劇／準備證照考試／簡報練習

光看這些，可能會覺得摸不著頭緒，也看不出任何關聯性，這時不妨根據自己的標準，將「氣味」相同的項目，用同樣顏色的筆圈起來，對這些項目進行分類。根據自己的主觀即可，說不出理由也沒關係。

接著，分別替「氣味」相同的每個類別命名。如下所示：

- 寫手帳的時間／一個人的時間／朝活 → 追求自由組
- 星野源／逆轉劇 → 從絕望中找出希望組

・準備證照考試／簡報練習 → 努力就有回報組

命名完成後，你會發現自己喜歡的事情是「追求自由」「從絕望中找出希望」「努力就有回報」。只要看出喜好，就能將時間用在這些事情上。

「喜好」太自我中心，有點心虛怎麼辦？

我曾被問：「『100項喜好清單』都是自己的事，跟家人有關的事少之又少。對此感到有點愧疚，我應該如何有效利用呢？」

完全沒有愧疚的必要。身心疲憊或沒有餘裕時，只想到自己很理所當然。如果這時你心裡想著「我都以自己為主，好糟糕」，就會無法繼續列出自己的「喜好」了。

你只要知道「原來我現在很疲憊」，然後繼續列出「自己的喜好」，同時也把這當做對自己的犒賞就行了。

等自己的喜好都列完後，你自然就會開始關注到家人的事。

全部關鍵詞都連結到同一件事怎麼辦？

我曾聽過這種煩惱：「所有關鍵詞都連結到『有故事』這

個詞。我不知道該如何加以分類，因而感到擔心、焦慮。」

這時候，沒有強迫分類的必要。「對有故事的事物感到著迷」是你身上最大的準則，這是一件很棒的事，不必為無法進一步分類而煩惱。

只不過，當主題範圍太大，而不知具體該怎麼做時，只要用「人、事、物」來進一步分類，如「有故事的人」「有故事的物品」「有故事的場所」等，就能讓主幹延伸出枝節，進而發現更具體的「喜好」。

晨間 SEE 法的「E＝享受」
用「早起日記」預測今日

　　介紹完 Show 和 Edit 後，接下來是 Enjoy。晨間 Me Time 要徹底忠於 Want，就要從「100 項喜好清單」中挑出某件事加以實踐。如此，你就能從一大早開始獲得重視自己的感覺。

　　充實地使用專屬自己的時間，一項一項地享受、玩味，讓自己的一天始於這樣的感受，你就能有自信地將一整天的時間過得充實與滿足。

▌用「早起日記」結束晨間 Me Time

　　在你愉快地度過了 Me Time 後，我希望你還能做一件事，那就是寫「早起日記」。**也就是在美好的想像中，預測今天一天會發生的事（亦即尚未結束的今天），並寫成日記。**

　　在美好的想像中預測並寫出今天一天會發生的事後，有趣的事就會發生。

舉個例子，假設「100項喜好」中，有一項是「穿著顏色很美的衣服」。如果你為了把顏色很美的衣服穿得好看而想減重，那就在體重還未減輕的此刻，先預測並寫下：「成功控制食欲，體重比昨天減輕了 0.5 公斤！」如此一來，你就能帶著已經減輕 0.5 公斤的心情，抬頭挺胸縮小腹且留意三餐食量地度過這一天。於是，體重真的減輕的機率就會提高。

以工作來說，如果你宣示性地寫下：「今天順利地依照計畫完成工作，並且準時下班！」這麼一來你就會特別注意工作有沒有按計畫推進。

當你學會為了實現半天後的理想狀態，如何將此時此刻過得開心有趣以後，你的一天就會改變。接下來是你的一週後、一個月後，都會逐步發生改變。所以，**請開始寫「早起日記」，將只要今天努力一點點就能完成的事，一樣一樣地達成。**

除此之外，從「喜好」的項目中挑出你希望未來變成的樣子，並將「似乎馬上能做或今天就能做的事」寫入一天行程，這也是一種可行的做法。

小專欄

兼顧快速與
醒腦的早餐

　　早稻田大學副教授暨精神科醫師的西多昌規老師，寫過
許多關於早起與睡眠的書。我曾與他針對「早餐」為主題
進行過一場對談，當時他告訴我：

　　「在生物學上，能刺激重設生理時鐘的，除了光線外，
飲食也很關鍵。從皮膚到內臟的所有細胞中，都具備了維
持生理時鐘機能的基因。因為腸胃中也有負責生理時鐘機
能的細胞，所以若沒攝取食物，腸胃就不知道何時該醒
來。」

　　近來，有許多人不吃早餐。從重設生理時鐘的角度來
看，我們還是有必要在早晨吃一點東西。
　　「希望平常的早餐盡量簡便！但也不想隨便亂吃，最好
能兼顧健康又有醒腦的效果⋯⋯」要達成這種「兼顧快速
與醒腦的早餐」，有三大重點。不必全部達成，只要從能

做到的開始做就好。

【重點 1】可在前一天準備好！

・前一晚的燉煮料理，只要加熱就能食用。

・事先將鬆餅煎好冷凍備存，只要加熱就能食用。

・麵包只要烤一下就能食用。

這類食物能將烹飪程序降到最低限度，相當理想。

【重點 2】有嚼勁！

・可以事先做好的炒牛蒡。

・口感彈牙的義大利麵

這類食物十分推薦。

順帶一提，最近因為既方便又有嚼勁，而讓我十分著迷的食物，是人氣正夯的、把燕麥當成米飯吃的「燕麥米」。

【重點 3】透過養分開啟清醒模式！

據說，柑橘類的香氣和味道具有醒腦效果。當然，能攝取到維生素 C 也是柑橘類的魅力所在。

其他像是乳製品、堅果、香蕉等食物，據說因含有色胺酸，不但能幫助身心穩定，還能促進血清素分泌，達到提高睡眠品質的效果，所以十分適合當早餐。讓身體在白天分泌血清素的話，有助於夜晚的入睡。

　　真的一點時間都沒有的人，建議透過食用穀片、穀麥等早餐，輕鬆簡便地補充雜糧和水果的養分。

—— 第 3 章 ——

如何創造夜間
Me Time？

日間要應付的人會越來越多

　　前面提過，最容易製造 Me Time 的時間，依序是晨間、夜間、日間。按照這個順序，我下一個要討論的是夜間。

　　但在此之前，我想先談一下關於早起，因為這與睡眠長度息息相關。

　　「早睡早起」一詞，大家耳熟能詳，所以我們往往以為，想要早起創造時間，就非得早睡不可。但實際上「早起早睡」反而比較容易達成。

　　對長年熬夜的人來說，就算想在晚上 10 點入睡而提早上床，也會翻來覆去睡不著覺。若是下猛藥地改成「早起早睡」，就算第一天像往常一樣凌晨 1 點睡，但強迫自己早起的話，當晚也絕對會早睡；只不過白天會很睏而已。

　　我想對希望能早睡早起的人說的是：「**到早起之國留學去吧。**」

　　因為早睡早起的習慣是生活作息的轉換，所以會因為時差

而變得迷迷糊糊。將那股睡意看成「留學時的時差」，心情就會輕鬆許多。

像這樣用點意志力早起，就能在比較容易創造時間的早晨，為自己保留專屬時間。關於這一點，正如前一章所述。

另一方面，**相較於早晨，要在夜晚創造時間，就需要稍微動點腦筋了。因為會有家人、工作等各式各樣的因素摻雜進來，所以常常不是自己一個人努力就能解決。**

但千萬別放棄。相較於日間，夜晚主要只有和家人的互動。再者，自己要做的事多半都是相對固定的例行事務。我們可以重新檢視這些例行事務，區分哪些必要、哪些不必要，決定哪些是可以不做的，藉此騰出時間做其他的事。

而這樣的重新檢視，對於那些為了早起從事朝活而想早睡的人，應該也會有所幫助。

夜晚無法創造出 Me Time，大致有以下三種原因。請在這三項中找出對你而言哪一項才是最大的問題，並設法解決。

① 工作和家事做不完而擠不出時間。
② 為配合家人（家人回家時間晚、要接送小孩上補習班等）
　 而擠不出時間。
③ 不知不覺就開始磨蹭而擠不出時間。

下一節開始，我將會告訴大家如何使用夜間的 SEE 法，實現夜間 Me Time。

首先是 Show＝可視化。夜間 Me Time 的理想與現實，究竟存在多大的落差？讓我們從具體寫出其內容開始做起吧。

夜間 SEE 法的「S＝可視化」
寫出現狀與理想中的例行事務

　　其實，只要大致寫出自己晚上會做哪些事，你就能早睡了。我每年發行的《朝活手帳》中有個欄位，就是讓人可以在睡前概略地決定自己要在幾點鐘起床、起床後又打算做些什麼。

　　千萬別小看「書寫」這件事。如果只是在腦袋裡籠統地想著「我要在幾點起床」「起床後要做這件事」，往往會敗給早晨的睡意。但要是能事先在行事曆上寫下文字的話，就會認為「既然都寫出計畫了，就希望能實現」或「不想在行事曆上留下『沒做到』的汙點」，當心情朝著正向運轉時，就能夠實現早起的決心了。

　　這是養成早起習慣的思考方式，但用來創造夜間 Me Time，也很管用。

勾勒出自己真實的理想狀態

白天我們會因「幾點之前要做這件事、幾點之前要做那件事」，而不停地被時間追著跑，在這樣的反作用下，到了晚上多半會不想嚴格遵守時間，而經常在不知不覺中無所事事地度過。

「好歹晚上也讓我放鬆一下吧！」如果你抱持這種心態，最初也許會有些抗拒，但還是請你試著寫下夜晚的概略計畫。透過寫出來，覺得自己似乎沒能做到的事情，或許就能讓你按照理想的時間進行；即使最後現實與理想相反，你也能意識到自己為何會做出與理想相反的行動。只要知道現實和理想的差異在哪裡，也就能看出接下來該怎麼做了。

此處的重點是，不能只看現狀，還要確實勾勒出理想的夜間生活法。

在你想像中的絕佳夜晚，以及並非如此的現狀。當你開始仔細觀察這兩者，就能思考如何才能填補落差。請打破圍限你的思考框架，別再僵化地認為現狀就是「無可奈何」「本應如此」。

「Have to」和「Want」就是幫助我們打破思考框架的關鍵。夜晚的時間與工作的進行方式、家人的生活型態等息息

相關。

　　我認為，如果一個人無法在夜晚擠出自己的時間，或想早睡卻睡不著，就表示這個人容易讓自己由衷的心願跟家人的心願同步。

　　比方說，加班晚歸的另一半要回到家裡才吃飯，所以自己原本想早睡，卻還是等到伴侶回家後才睡。結果變得睡眠不足或報復性熬夜（指因為白天沒有自己的時間，於是當晚間有自由時間時，就會像發洩般地開始熬夜）的話，就表示你也有可能不是自己想要醒著（Want），而是不得不醒著（Have to）。

　　如果你會因為等待加班遲歸的家人而無法早睡，就代表你有可能抱著「一定要在晚上保有一段交流時間」「一定要替對方做飯」等信念。

　　然而，與其在夜晚焦慮等待著深夜未歸的家人，不如先在早晨創造自己的時間後，再以愉快的心情和對方溝通，這樣或許比較容易發展出建設性對話。「我先睡了！」「晚飯自己加熱唷。」我們不必對說出這些話抱有罪惡感。只要這麼做能讓你維持穩定的情緒，那就是可行的！建議不妨先看破這一點。

　　當然，礙於各種事態所迫不得不等待的情況，或者由衷期待另一半歸來的人，都不在此限。請自由地寫下你自己真正

的感受，以及對你而言如何度過夜晚才是最美妙的（反正也沒有要給別人看）。**想要看清理想與現實，就絕對不能對自己說謊。**

此外，雖然「先寫現狀，再寫理想」是比較容易的寫法，但此處請採取**「先寫理想，再寫現狀」**的順序。若是「先寫現狀，再寫理想」，我們往往會受到現狀的箝制，不禁想說「頂多就只能到這樣吧」，結果寫出來的其實是帶有妥協性的時間利用法。

為了讓須改善的地方浮上檯面，請以「先寫理想，再寫現狀」的順序勾勒想像。

說不定寫出現實後，你會感到十分失望。或許你會沮喪地想：「為什麼我一直在做跟理想完全相反的事？」

但是，**沒做到就表示還有進步空間。**

先從正視現實開始做起，再慢慢朝自己的理想靠近吧。

▎安排理想的例行事務四大重點

那麼，就讓我們趕快開始吧。可以在筆記本上手寫，也可以寫在晚間時段的空白欄位較大的行事曆上。或者直接複製以下兩頁來用，也很便利。在98～99頁有使用範例，敬請參考。

四大重點：

① 畫出現狀的時間分配（平日和假日）。
② 畫出理想的時間分配（平日和假日）。
③ 思考課題與因應對策。
④ 定期回顧。

現狀與理想的例行事務

平日理想	平日現狀	假日理想

17:00

18:00

19:00

20:00

21:00

22:00

23:00

24:00

01:00

假日現狀	3個月後平日	3個月後假日	課題與 因應對策

4 定期回顧　　**3** 思考課題與因應對策　　**2** 畫分現狀的時間分配（平日和假日）　　**1** 畫分理想的時間分配（平日和假日）

	平日理想	平日現狀	假日理想	假日現狀	3個月後平日	3個月後假日	課題與因應對策
17:00	工作			磨蹭			●我想在工作結束後有個咖啡廳ME TIME！
18:00	咖啡館裡 ME TIME		ME TIME	準備常備菜			●其實我並不想做常備菜。
19:00		工作	悠閒地用餐	悠閒地用餐			●我想有每週一次的深度護膚保養時間。
20:00	回家		悠閒地泡澡				●花太多時間看電視和上網。
21:00	用餐		深度護膚保養	看電視和上網			●加班常態化 ↓ 思考如何減少加班？以及可以不做常備菜的辦法？
22:00	泡澡 放鬆 時間	回家		泡澡			
23:00		用餐 泡澡					
24:00	就寢	放鬆時間	就寢	看電視和上網			
01:00		就寢		就寢			

4 定期回顧　　**3** 思考課題與因應對策　　**2** 畫分現狀的時間分配（平日和假日）　　**1** 畫分理想的時間分配（平日和假日）

	平日理想	平日現狀	假日理想	假日現狀	3個月後平日	3個月後假日	課題與因應對策
17:00	工作			磨蹭			●我想在工作結束後有個咖啡廳ME TIME！
18:00	咖啡館裡 ME TIME		ME TIME	準備常備菜	工作	ME TIME	●其實我並不想做常備菜。
19:00		工作	悠閒地用餐	悠閒地用餐	咖啡管理 ME TIME	用餐	●我想有每週一次的深度護膚保養時間。
20:00	回家		悠閒地泡澡		回家	泡澡時護膚保養	●花太多時間看電視和上網。
21:00	用餐		深度護膚保養	看電視和上網	用餐 泡澡	ME TIME	●加班常態化 ↓ 思考如何減少加班？以及可以不做常備菜的辦法？
22:00	泡澡 放鬆 時間	回家		泡澡	ME TIME		
23:00		用餐 泡澡					
24:00	就寢	放鬆時間	就寢	看電視和上網	就寢	就寢	
01:00		就寢		就寢			

時間	平日理想	平日現狀	假日理想	假日現狀	3個月後平日	3個月後假日	課題與因應對策
17:00	工作						
18:00	咖啡館裡 ME TIME		ME TIME				
19:00			悠閒地用餐				
20:00	回家		悠閒地泡澡				
21:00	用餐 泡澡		深度護膚保養				
22:00	放鬆時間						
23:00							
24:00	就寢		就寢				
01:00							

時間	平日理想	平日現狀	假日理想	假日現狀	3個月後平日	3個月後假日	課題與因應對策
17:00	工作			磨蹭			
18:00	咖啡館裡 ME TIME	工作	ME TIME	準備常備菜			
19:00			悠閒地用餐	悠閒地用餐			
20:00	回家		悠閒地泡澡				
21:00	用餐 泡澡	回家	深度護膚保養	看電視和上網			
22:00	放鬆時間	用餐 泡澡		泡澡			
23:00		放鬆時間		看電視和上網			
24:00	就寢		就寢				
01:00		就寢		就寢			

先寫下理想時間分配的平日版本和假日版本，再寫下現狀的時間分配的平日版本和假日版本（99頁圖）。

將理想的時間分配和現狀的時間分配並列書寫，就能得到許多覺察，例如你可能會驚訝於兩者的落差之大，或現狀出乎意料地按照理想進行。將這些發現、課題、因應對策，自由地寫在右側的空白處。無論大小事都好，想到什麼就寫什麼。

僅只是像這樣先掌握現狀，並意識自己從中發現的問題點，也能讓我們的時間利用方式產生相當大的改變（98頁上圖）。

如果寫好之後就晾在一旁的話，就會在不知不覺中忘記自己的課題，所以我建議最好3個月後再次回顧看看（98頁下圖）。

透過思考現狀和因應對策，觀察執行了改善方案後，具體產生什麼樣的變化。這麼做能讓我們逐步改變自己的時間利用法。

給忍不住告訴自己
夜裡就該好好放鬆的人

「為了工作和家事已經累成這樣了，好歹晚上讓我悠哉地消磨一下時間吧？」

「家人入睡後，自己才開始漫無目的地消磨時間，這是我一天最期待的時刻，別連這也要剝奪吧？」

我想，有些人在寫夜晚的行程計畫時，會像這樣心生抗拒。這種心情我也很了解。但請先嘗試一次就好，寫出你的夜晚例行事務看看。

完全沒必要每天、每週、每個月都寫。因為我們的目的，並非隨時確認各項行動，並以一次 10 分鐘、20 分鐘為單位縮短時間為目標。

我們的目的是，理解現實狀況相較於自己的理想，究竟有何問題，進而掌握自己無法創造 Me Time 的原因。首先，就讓我們好好檢視一下自己目前的晚上時間吧。

夜間 SEE 法的「E ＝編輯」
思考理想與現實為何產生落差

如果在寫出理想和現實的夜晚例行事務後，仍無法創造出夜間 Me Time，或者明明想在早晨創造 Me Time，卻還是沒法早睡的話，原因很顯然就如同前面所說的有這三大類。

① 工作做不完而擠不出時間。

② 為配合家人（家人回家時間晚、要接送小孩上補習班等）而擠不出時間。

③ 不知不覺就開始磨蹭而擠不出時間。

首先，思考你無法創造出 Me Time 的理由是這三項中的哪一項，以及其主要因素為何，接著開始編輯你的時間。

1. 工作做不完而擠不出時間的因應之道

編輯的切入點：自己是否太過以公司或家人的理想為重？

工作做不完而無法早睡的問題，有下列幾項：

- 因為公司的方針或風氣問題，無法早點下班。
- 忙碌期極為繁忙，一回到家倒頭就睡。
- 育嬰期間必須準時下班，工作分量多卻無法加班，工作老是做不完。
- 周圍同事都按時下班，只有自己在加班，該不會是我的工作速度過慢……
- 因遠距工作，看不見其他人的工作狀況，害怕不強調自己有在工作的話，別人會以為我在偷懶，不知不覺就繼續撐著了。

如果我們一直過著這種被工作追著跑的生活，就會養成習慣，強迫自己去配合公司的理想。

與公司的目標一致、專注投入工作，的確是件了不起的事，而且有時候我們確實需要暫時性地加班工作。但長期把公司放在最優先的話，那麼連自己理想的時間利用方式，都會變成要先看公司的臉色才敢決定。

舉例來說，你無論如何都非常想去看演唱會，卻遇上公司正值忙碌期，你是不是都會強迫自己放棄？在就要超過適婚或適孕年齡時，你是不是會認為，自己正處在工作衝刺期，得以工做為優先，於是延後了尋找結婚對象或準備懷孕的計畫？

　　因為工作而無可奈何地必須放棄自己最愛的興趣或結婚生子，這根本就是本末倒置。

　　乍看之下，這些事情與晚上的時間利用法無關，但如果你對公司的配合度已經侵蝕到你的 Me Time，那關係可大了。

　　如果你認定現在這個時期就是要把公司放在最優先，而把工作當成 Want 在進行的話，這樣就無妨。但**如果你一邊想著工作害你必須犧牲興趣與人生，一邊又以 Have to 的心情工作的話，那麼對公司而言也不會產生正面影響。**

　　請將公司的理想與自己的理想暫時畫分開來審視，這能幫助你冷靜地重新檢視公司和自己的關係。

　　首先問問自己：

　　「這種勞動方式真的好嗎？」

　　「你是否忽視了內心覺得好像不太對勁的鬱悶感？」

　　一邊對自己提出這些問題，一邊審視前面所寫下的理想時間分配，讓自己可以回到初心。

　　想實現當初不帶任何妥協而寫下的理想，首先必須思考的是該留下哪些事、放棄哪些事。至於日間的優先順序設定

法、工作中的 Me Time 創造法、有效率地完成不想做的工作的方法，都會在之後的章節詳細介紹。

2.為配合家人而擠不出時間的因應之道

編輯的切入點1：看開，了解這只是暫時的

經常聽到有人說他們因為小孩還小，抽不出時間留給自己而感到焦躁。我們往往會以為當下抽不出時間，就表示永遠都會抽不出時間。

我也曾在孩子未滿1歲時，睡眠變得碎片化。孩子滿1歲後，我每天都會在凌晨2點被孩子的哭聲吵醒，有時會持續到4點都無法入睡。當我以為孩子終於能夠一覺到天亮時，他又因為體力越來越好，再加上幼兒園裡的午睡而變本加厲。新冠疫情造成無法出外運動，也是一部分因素，即使每天晚上8點半讓他上床，卻可以到11點以後還精力充沛。到底要花幾小時哄孩子入睡啊？我還有可能恢復早上4點起床的習慣嗎？——有時我會精疲力竭到出現這種念頭。

如今兒子上了小學，學校沒有午睡，所以每天晚上9點、最遲9點半就會香甜入睡。託他的福，我也順利恢復早上4點起床的生活。

雖然每個人或多或少有些差異，但小小孩夜晚哭鬧，或要花很長時間哄孩子入睡的時期，不會永遠持續下去。請看

開，並告訴自己「這種狀態總有一天會結束」，也不失為一種舒緩焦慮的方法。

舉例來說，因為帶小孩使睡眠容易變得碎片化的時期，我就放棄「絕對要在4點起床」的固定起床時間，看開後，便以「睡滿7小時」為目標，讓自己既能心情愉快，白天又不會發睏。不僅如此，我還為起床時間和睡眠時間設定出三種模式，幫助自己建立起舒服的早睡早起生活。

當我無論如何都無法睡滿7小時時，因為我知道自己會在下午2點左右開始發睏，所以也能做出因應，像是睡個午覺，或透過午餐少吃來防止睡意。

- 晚上9點就寢、早上4點起床，睡滿7小時（最佳）
- 晚上10點就寢、早上5點起床，睡滿7小時（孩子較晚入睡時）
- 晚上10點就寢、早上6點起床，睡滿8小時（孩子較晚入睡，且半夜不斷醒來而睡眠不足時）

孩子的補習和社團活動，也不會永無止境地持續。如果你意識到在此時此刻，守護孩子是自己人生的優先事項，而決定好好守護的話，你就能享受當下，不會為此心煩意亂（第4章會以圖表詳細解說，如何根據不同時期決定人生優先順序，例如此刻要以家庭為優先、此刻要以工做為優先等）。

此外，只要能夠分辨 Have to 和 Want，那麼拜託周圍的人幫忙，而不將事情獨攬，也是可以考慮的解決之道。

順帶一提，因工作而擠不出晚上時間時，從原本短期性視角，改用長期性眼光重新審視，有時也能解決問題。

還有些人可能本身的工作性質，有時就是要配合對方的時間工作到半夜，有時又會提早結束。這麼一來，就有可能造成睡眠時間有時長有時短，或起床時間無法固定。

對這些人來說，如果以星期為單位，可能會覺得生活作息混亂，但如果以 1 個月或 3 個月的較長期眼光來看，往往就會具有固定傾向。

比方說，每個月的定期結案日結束後，就會有一段稍事休息的時間，或者月初比月底忙碌等。

我建議先把忙碌程度的起伏，以及身體伴隨著忙碌程度所產生的變化記錄下來，俯瞰全局就能找出長期性的傾向。

編輯的切入點 2：透過引導改善

有時候，我們會遇到同住的家人是夜貓子，或者與家人一起做的事無法在預期時間內進行，而給自己帶來壓力。

強迫家人改變或許很難，但若是透過改善家人的動線，或在溝通上下點功夫，引導他們在我們希望的時間內行動，是有可能達成的。

這時候我推薦的做法，是進行「**自我樞紐化**」。此處的樞紐是指網路設備的「集線器」、樞紐機場的「樞紐」。換言之，就是設法調整人、物、資訊的處理步驟，使事情必須先經過自己之後才能進行，讓周圍的人自然而然根據這種做法行動。

　　其實，規則有時就是「先說先贏」。只要自己率先制定規則，讓他人自然而然地遵守這項規則，我們就能慢慢設法減少時間的不確定性所帶來的壓力。

　　舉例來說，應該有不少人困擾於一邊工作，一邊還要為家人準備每天的晚餐，但家人晚歸時總是不主動連絡，而無法預測該在幾點準備晚餐。自己一個人的話，還可以簡單解決，但要準備全家人的份，就得決定菜色、增減分量、配合家人的到家時間調整上菜時間，因而變得工程浩大。

　　此時，不妨制定規則，讓大家在白板或共用筆記本上大致寫下到家時間和是否回家晚餐，就像公司裡的「出勤人員去向告示牌」般，或可透過全家共用網路上的行事曆來管理。如果要互相分享全部的行事曆，感覺太不自由，就可以制定較寬鬆的規定，要求家人在下午3點前輸入「要／不要晚餐」即可，這樣應該就能將門檻降到大家都能輕鬆執行的程度。

　　其他的例子還有，為「吃飯、洗澡、睡覺」的時間定出

規則，這個方法在我家稱為「老派老爹作戰」。之所以叫作「老派老爹」，是因為早期的卡通或連續劇中，常把典型的老派父親塑造成回到家除了「吃飯、洗澡、睡覺」這三句話，什麼都不會說。決定好「我家的規則就是在幾點要做什麼」後，時間一到就設定時器，讓這件事變得像競賽遊戲般，大家都能樂在其中。

▌3.不知不覺就開始磨蹭而擠不出時間的因應之道

編輯的切入點：將消磨時間和拖延事項排入預定行程

到了晚上就不自覺地開始磨蹭，而無法過上自己想要的時光，或是影響到早上的起床時間，這時候我們真正的問題是，時間過得不如預期的「罪惡感」。

消磨時間本身並非壞事。當自己不知不覺浪費了時間，或時間融解於無形後所陷入的自我厭惡狀態，才是壞事。

若是在自己的決定下消磨時間，反而還有可能帶來成就感，因為達成了預定中的事項。因為消磨時間是一種身心的放鬆，這種時間十分重要，所以請記住，你可以盡量消磨時間沒關係。請在你的行事曆中排入消磨時間、放鬆身心的預定計畫，使其能在有知有覺而非不知不覺中進行。

如果戒不掉睡前滑手機的習慣，不妨設定時器，提醒自己只能滑一段固定時間；或者規定網路連續劇等影片一次只能

看一集。當自己好好遵守這種小規則時，就能集點，也可以在隔天早上給自己某種獎勵。

順帶一提，明明很忙碌卻一直在磨蹭的其中一個原因是，內心正對於被延後執行的事感到糾結。你是否正對於明天以後要做的以下事項感到糾結呢？

- 不想查資料、寫報告
- 厭惡出席會議
- 不想念書備考
- 不想見到那個人
- 確認執行步驟很麻煩

就是因為想拖到以後再去做這些令自己糾結的事，才會磨磨蹭蹭地打發時間。換句話說，你不是對磨蹭感到糾結，而是對拖延這件事本身感到糾結。因此，只要了解糾結的原因和自己的真實想法，你就能想：「那我只要把這件事完成，就可以安心地消磨時間了。」

實在忍不住想磨蹭時，只要趕快把令你內心糾結的事排入預定行程，決定好在某個時間去做，就能感到神清氣爽了。關於如何在白天封鎖辦事時間的解決方法，以及使用行事曆排入預定行程的方法，將在〈第4章〉〈第5章〉說明。

只要有備案，就不會沮喪

　　若只規畫出常態的例行行程，那麼當我們無法如願達成時，就有可能感到沮喪。有時候，我們也會遭遇以下情況：因加班而無法如願抽出時間、因放心不下某事而夜不成眠、因疲倦而無法如願做完家事……為了因應這類突發狀況，我們可以事先規畫好替代方案的例行行程。這麼一來，就可以將意識從「沒辦到」，改寫為「雖然實踐不了理想方案，但仍成功實踐了 B 計畫、C 計畫」。

　　總之，**就是要有意識地屏除「沒辦到」的心態，多多意識到自己「辦到了」的事。**

　　剛開始實踐早睡早起時，我總是告訴大家，要設定好「**朝活松竹梅**」。「朝活松竹梅」是一種能讓我們在無法如願早起時也不會陷入沮喪的思考方式。用這個方法來排定夜晚的例行行程，十分有效。

　　具體來說，就是將朝活分成「松竹梅」三個等級：

- 「松」：達成自己理想中的早起，能有效使用時間，成功以最佳方式使用時間。
- 「竹」：沒有按照預定時間起床，但還是成功製造出一點時間。
- 「梅」：幾乎沒實現任何朝活，但仍可從中找出一些成功辦到的事，例如睡滿足夠時間、曬到早晨的太陽等。

這樣就能讓每個早晨都在累積「辦到了」的經驗，不必為「沒辦到」而沮喪。實際上，我就是用這樣的心態，克服那段為了帶小孩而無法早起的時期。

請把「朝活松竹梅」的技巧也使用在夜晚吧。如果設定三種模式太困難，也可以減少為兩種模式。在設定上沒有特殊限制，舉例來說，可依以下標準分出三種模式。

- **「松」：成功達到自己理想中最佳的時間利用方式。**
- **「竹」：成功創造了短暫的放鬆時間。**
- **「梅」：幾乎什麼都沒辦到，但有睡滿足夠時間。**

有些人喜歡用時間或數字設定目標，因為有明確的數字會更有完成動力。如果你是這種人，不妨設定積分，如「松：30分、竹：15分、梅：5分」。此外，也可以每天都數數看在「100項喜好清單」中，達成幾項適用於夜間的項目。

夜間SEE法的「E＝享受」
度過「快樂！有趣！舒服！」的夜晚

　　終於抽出了夜間 Me Time，現在就來盡情享受吧。晚上時間就是會令人想用來放鬆、享受，再以愉快的心情入睡。

　　不知道該做什麼時，我們在晨間 SEE 法中列出的「100項喜好清單」，就能派上用場。

▌從「100項喜好」中挑出適合夜間的項目

　　「100項喜好清單」中，應該不會只有適用於早上的項目。請不要因為不適用於早上就放棄。我們可以事先從中挑出「夜晚享受用」的項目。有些《朝活手帳》使用者的做法，是在適用於夜間項目旁邊蓋章標示。

　　有些人處於特殊時期，晚上為了配合家人而無法抽出完整時間，對於這類人，我建議可以事先列舉另一份清單：「被打斷也無妨，但成功實踐就會很開心」的事。例如：

- 觀看之前累積未觀看的電視錄影。
- 閱讀能輕鬆讀完、不怕被打斷的散文。
- 雖然沒有時間寫部落格之類的文章，但可擬訂計畫，例如今後要寫什麼樣的主題。
- 關於念書或工作，雖然無法從事需要高度專注力的事，例如擬定企畫提案等，但可以做一些需要慢慢積累的事，例如背公式、背單字等。

睡前舉出5件「好事」

難以入睡時，建議做的事情是「好事Five」。

這是一位長年為我看診的醫師教我的方法。

做法十分簡單。**只要在睡前回顧今天一天，並舉出5件發生的好事即可。**

我們經常聽到的是，列舉出 3 件好事，但這裡要求列舉「5 件」，而這才是重點。在舉出第 1 到 3 件好事時，還不太費力，但**要列舉 5 件的話，就必須強迫自己在艱困痛苦中，找出背後隱藏的好事，這能讓我們更真切地感受到現在所擁有的幸福。**再者，因為是一邊細細回想好事，一邊入睡，所以更能安穩入眠。

我們往往容易陷入「早知道就該那樣、早知道就該這樣」

的懊悔中。「好事 Five」具有改變這種思維的效果，讓我們只專注於列出自己成功辦到的事。

　　我將「好事 Five」當成和兒子睡前的一個習慣。我的做法是只在口頭上和兒子以對話的方式說出來，但我更推薦的是記在筆記本上，這麼一來就能儲存這些「好事」了。回顧留在筆記本上的「好事」，能讓我們察覺自己一直以來的努力，進而累積自信。

小專欄

一覺到天亮！
易消化又暖身的晚餐

一身疲憊地回到家，還要努力張羅晚餐，實在是件累人的事。費了一番工夫做了晚餐，結果睡覺時胃裡還有食物殘存未消化，睡眠中胃部還得繼續運作，進而妨礙到睡眠品質。

早睡者的晚餐必須注意以下三點：

① 容易消化
② 可讓身子變暖
③ 不費事

符合這三點的菜單，我推薦「一道菜就能攝取到主食、蛋白質、蔬菜的火鍋」「只需3分鐘即可煮成的快煮麵」「將市售的生烏龍麵加熱就能立即煮好、口味清淡的蛋花烏龍麵」等。

── 第 4 章 ──

如何創造日間 Me Time？

把日間時間也變成「我」的

到此為止，我們已創造出了晨間和夜間的 Me Time。

最後要創造的就是日間 Me Time 了。日間工作比較繁忙，很多事情不能只靠一己之力完成，因此難度比早晨和夜晚來得高。

但經過早晨和夜晚的挑戰，到了這個階段，我們了解自己 Have to 和 Want 的覺知能力已經提高，一定能駕輕就熟。就讓我們來拿下最後這座城池吧。

右頁是〈序章〉中出現過的圖，從這張圖能清楚看出，白天的自由時間極少。

雖然人生並非只有工作，但需要工作的日子，也是人生的一部分。既然如此，比起每到週一早上就憂鬱地工作，我們更想在興奮雀躍、渾然忘我中工作。

現在就一起來思考，如何將整個白天變成愉快的時間吧。

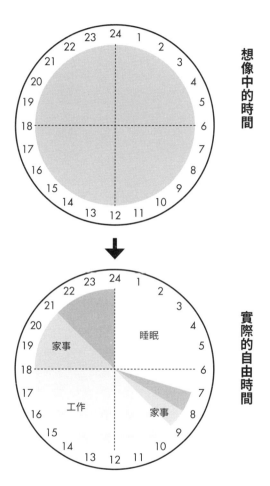

想像中的時間

實際的自由時間

睡眠

家事

家事

工作

日間 Me Time 的第一目標是「確保多出來的都是屬於自己的時間」。

當我們被工作和家事追著跑，忙得不可開交而無暇思考未來或不緊急但重要的事情時，我們就會陷入「明明每天都很忙，卻感覺不到自己在前進」的狀態。

所以我們需要擁有多出來的時間，供我們定期反躬自省、確認目標與現實，同時讓自己心中保有屬於自己的羅盤。

正如前述，在日間保有 Me Time，不像在早晨或夜晚保有 Me Time 那麼容易。因此日間的 SEE 法也更為複雜。接下來我會按部就班地說明，請依照順序加以實踐。

最初的關鍵在於了解：「要從哪裡爭取多出來的空餘時間？」「自己在哪些時間能有最佳表現？」

日間 SEE 法的「S ＝可視化」
【初級篇】保有多出來的「空餘時間」

　　想在白天也能不被工作追著跑，保有多出來的空餘時間，就要掌握以下兩個重點。

①了解自己在白天裡狀態最好（工作能順利推進）的時間和環境。
②事先安排行程，封鎖那段時間，不讓狀態最好的時間被打擾。

　　有時我們會覺得「今天工作進行得好順利！」而開心，有時則會因「工作無法如預期進行」而沮喪。之所以會產生這兩種不同的狀況，往往是受到「插隊量」的多寡所決定。

　　白天需要應付的事情繁多，像是電話、緊急電郵、新同事的詢問、應對顧客等，使我們的專注力經常被打斷，因此即使想空出一段時間，也很難如願。

於是，我們往往會想在不被插隊的早晨或深夜空出一段時間處理工作。但請暫時拋開這種想法，因為這是製造「Have to」時間的方法。如果迫於無奈（犧牲自己）而把早晨或夜晚的時間當做工作時間的話，就表示你的晨間和夜間 Me Time 會被壓縮，這樣就跟早晨或夜晚加班沒兩樣了。

▌封鎖並管理你的「致勝時間」

這裡讓我們轉個想法；**鎖定白天專注力最高的時間帶，事先封鎖，讓這個時間變成專屬自己的時間。就像跟他人排定時間一樣，自己跟自己排時間，事先在行事曆中為自己排定一個 Me Time。**

另一項重點是，**從側面觀察自己在什麼樣的時間、場所、狀況下會有更高水準的表現，並有意識地將 Me Time 放在高水準表現的時間裡。**

運動員為了讓自己在正式比賽中保有最佳狀態，會為自己準備一套常態性的「致勝模式」，這種做法稱為「巔峰管理」（Peak management）。最為人津津樂道的方法包括：運動員事先準備一個能讓自己專注的暗示動作，並使用於關鍵時刻，或每天早餐都只吃固定的菜色。

我們就是要應用這種方法，**管理自己能達到巔峰狀態的**

「致勝時間」，讓白天也能過得有聲有色。

　　我建議的具體做法是回顧你過去的成功經驗。回想看看當你感到「今天似乎特別專注」（＝達到巔峰狀態）時，自己處在什麼樣的狀態、習慣和環境，並將其寫下，藉此增加自己「致勝模式」的庫存。

　　回想時，使用5W1H（什麼時候、對誰、在哪裡、做什麼、為什麼、怎麼樣）做為切入視角，這將有助於我們思考。也可以翻閱記事本或行事曆，回顧過去的內容。

- 什麼時候（When）　：早晨？口間？夜晚？大約幾點？空腹或吃飽後？

- 對誰（Who）　　　　：有沒有一見面就能讓你卸下心房或變得精神奕奕的對象？相反的，有沒有一見面，就感覺自己能量被吸乾的對象？

- 在哪裡（Where）　　：在自己喜歡的咖啡廳或茶館？在會議室？如果在辦公室裡無固定辦公桌，會是在哪個座位？或是正在走路之類的移動過程中？

- 做什麼（What）　　　：以咖啡、茶或能量飲料做為啟動巔峰狀態的開關？

- 為什麼（Why）　　　：為什麼你會覺得這個時間是「致
　　　　　　　　　　　　勝時間」？
- 怎麼樣（How）　　　：相較於其他時間，事物是怎樣順
　　　　　　　　　　　　利進行的？

像這樣仔細回想並寫下來，就能慢慢看出大致的傾向。

只要知道自己在什麼時機、什麼時候的狀態會變好，就能事前以「辦事封鎖」的名義將那段時間封鎖起來，阻絕他人的打擾。

「辦事封鎖」是我在當公司職員時向主管學來的方法，它指的是創造（保留）一個屏蔽所有連絡，能夠專注辦事的時間。這麼做能有效地幫助我們重視自己的預定行程，就如重視和對方的預定行程一樣。

當然，應對和連絡外界都是工作上不可欠缺的一部分，但只要稍微用點心思，就能封鎖至少 1 小時。例如，不妨以「一人會議」為名，事先預約會議室，一個人在裡頭工作（如果不能公開使用「一人會議」的名義，或可假「洽談」之名。因為是自己跟自己洽談，並沒有說謊，所以可以正大光明的利用）。如果沒有這樣的環境，我建議你製作一個讓周圍明顯知道你正在忙的標識，比方說，標註著「辦事中」的旗子；或者發起公司內規則，讓每個人都能在一段固定時間內擁有自己的辦事時間。

在家工作的人，或許可以設定為只在「辦事封鎖時間」，才轉移到不同的房間工作，藉此切換心情。

此外，我想大家應該能切身感受到，開會時和辦事時，頭腦的使用方式是不一樣的。如果知道自己在這兩者間需要花時間切換的話，那麼把同一種類型的工作一口氣做完，也是一種方法。比方說，把會議統統排在同一天，就有可能一鼓作氣地將會議都順利開完。

日間 SEE 法的「S＝可視化」
【中級篇】將工作細分成小顆粒

　　正如上一節說明的，利用封鎖的時間將手上的代辦事項整理成可視化的形式。過去總是從眼前看到的、容易處理的事情開始著手，卻感覺效率不彰，或老是在同一個地方時間不夠用，這樣的話就先將這些事情從腦中「全部翻出來」，再逐步發現問題點。

　　此時我建議的做法是「**將工作細分成小顆粒**」。

　　越是拚命三郎、一絲不苟的人，越常有以下想法：
　　「這個工作只有我做得來，所以自己做就好。」
　　「拜託別人的話，反而會越幫越忙，還是自己做就好。」
　　「要跟別人說明自己腦中的步驟，反而更花時間。」
　　「大家似乎都很忙，我自己加把勁撐過去就沒事了。」
　　你是否也經常會產生這類想法，而一肩扛下所有事情？
　　尤其做為一個能力強的人，只要你願意扛下全部，到最

後真的都能獨力完成。於是當那些他人委託的事也漸漸順手後，你就會認為「自己做比較快」而一肩挑。

容易因為「自己做比較快」而承擔過多工作的人，其實往往不太清楚自己平日的工作程序是如何進行的。這樣的人不是一邊思考步驟一邊工作，而是下意識地處理，下意識地完成，所以要他們刻意去分析步驟時，反而會覺得多此一舉、畫蛇添足，不如自己來。

然而，一味逃避這件麻煩事的話，這項工作就會永遠落在自己的肩上。逃得了一時的麻煩，卻逃不了永久的忙碌。所以，就讓我們從現在起養成習慣，把自己平日的工作詳細分解吧。

▍流暢推進工作的分解法

打個比方，你有一項「製作簡報」的工作一直找不到空檔去做，而感到一顆心懸著時，或某項工作因為自己還沒把內容整理清楚，而不敢交代給他人去做時，可以試著將這項工作盡量分解成細項，「全部翻出來」寫在筆記本上，並標記所需時間（參照128頁）。

平日任務分配表

工作內容	該執行的任務	目標完成時間
	☐	
	☐	
	☐	
	☐	
	☐	
	☐	
	☐	
	☐	
	☐	
	☐	
	☐	
	☐	
	☐	
	☐	
	☐	

【範例】

工作內容	該執行的任務	目標完成時間
製作簡報資料	☐ 揀選用戶端的客戶煩惱	15分鐘
	☐ 揀選用戶端的客群	15分鐘
	☐ 設定企畫目標	30分鐘
	☐ 手寫企畫草案	40分鐘
	☐ 列舉反駁與提問清單	30分鐘
	☐ 準備回答內容	10分鐘
	☐ 企畫的行程排定	30分鐘
	☐ 所需工作人數與所需金額	30分鐘
	☐ 磋商企畫草案	60分鐘
	☐ 製成文件	60分鐘
	☐ 讓主管過目	15分鐘
	☐ 修正	30分鐘
	☐ 排練簡報	50分鐘
	☐ 彩色列印	10分鐘
	☐	
	☐	

以「製作簡報」為例，可分解如下：

☐ 揀選用戶端的客戶煩惱▶15分鐘

☐ 揀選用戶端的客群▶15分鐘

☐ 設定企畫目標▶30分鐘

☐ 手寫企畫草案▶40分鐘

☐ 列舉反駁和提問清單▶30分鐘

☐ 準備回答反駁和提問的內容▶10分鐘

☐ 訂定提案企畫的執行日程▶30分鐘

☐ 從企畫所需的人數與工時，推算出實際花費金額▶30分鐘

☐ 與相關人員磋商企畫草案▶60分鐘

☐ 製作成簡報文件▶60分鐘

☐ 讓主管過目▶15分鐘

☐ 修正簡報文件▶30分鐘

☐ 排練簡報過程▶50分鐘

☐ 將文件彩色列印，屆時可提供與會者閱覽▶10分鐘

分解至此，就能大致估算出需要花多少時間。

現在就來思考看看工作總是太遲或來不及的原因為何。從這個例子來看，其實一開始若只是籠統地想著「製作簡報」，我們可能會低估所需工時，以為60分鐘就能完成。但實際推算的話，會發現要做的事琳瑯滿目，無法在一天之內完成。像

這樣將工作內容加以分解，既能減少磨磨蹭蹭延後開工的可能性，又能一目了然地看出要在何時之前完成什麼事情，也就能因此免去不知何時才能結束所引發的焦慮不安。

此外，寫出工作內容與所需時間，能幫助我們分辨哪些是自己做得到的，哪些是自己做不到的，因此更容易將工作交辦給他人。

就算你是沒有權力交辦工作給他人的人，或習慣自己一個人埋頭苦幹的人，即使現在不能將工作分配出去，這也能讓你一邊工作一邊意識到「我現在在做的事情是可以交辦給別人的」或「這是非我不可的工作」，這麼一來，往後你在工作上的時間分配也會產生改變。

做家事也是如此。只要先分辨出哪些是絕對不能假手他人的家事，哪些是可以假手他人的家事，你就能區分出哪些家事是未來可以外包出去，或者讓高性能家電代勞的。

當你面對一項工作時，可能會覺得全部自己一手包辦實在太操了，但是若將該做的事情分解，確切地歸納出哪些事可以自己做，哪些事可以向外求助的話，往往會發現其實這項工作也「沒那麼操」。

尤其是在遠距工作的情況下，我們無法像以前一樣輕鬆地請教他人，也很難看見他人工作的樣子，因此可能會不禁懷疑：「我做的步驟是正確的嗎？」

對步驟感到不安，或手邊總是有非常耗時的工作時，也不妨用這個方法重新檢視你的工作步驟。

此外，也可以用這個來拋磚引玉，根據自己所寫下的內容，向周圍的人請教：「這是我現在工作的方式，有沒有更好的工作方法？」

順帶一提，好好鍛鍊這項分解技巧，就能讓你再也不會產生「明明很忙，工作卻毫無進展」的失落感了。工作被分解成一顆顆細小的顆粒，每天至少能處理掉一項以上，就能不斷累積順利完成工作的經驗。

將工作分解成越細小的顆粒，就越能看見工作的進展，所以也能幫助我們分析為何能順利完成、為何無法順利完成的原因。當我們一邊喊著「做完了」，一邊畫掉一項工作的小顆粒，也能讓我們一次又一次體驗到完成工作的成就感。

▍完全無法估計工作時間怎麼辦？

有些工作像是分析、考察、調查等，蒐集資料和數據的工作，如果沒有實際去做，就無法快速掌握到底要花多少時間。這時候不妨透過留心以下三點，以擺脫永遠看不到工作盡頭的窘境。

1. 打算蒐集資料時，先暫停5分鐘

能夠將耕耘化為收穫的人，會在開工前先仔細琢磨自己的行動目的，以及該採取什麼行動。蒐集資訊也是如此，不是看到什麼就蒐集什麼，而是要先思考自己需要哪些資訊。「思考」是一項樸實無華的工作，乍看之下好像什麼也沒做，然而一旦決定好要做什麼，就會產生一鼓作氣展開行動的幹勁。

另一方面，再怎麼努力也難有收穫的人，往往只看到眼前問題，把精力都投注在解決這些問題上，還來不及去思考「根本問題」就已疲憊不堪，當工作進入後半段後，就變得窒礙難行。

在開始動手前先停下來，釐清自己展開這項行動的目的是什麼，時間不用多，花個5分鐘就好。

2. 養成習慣以「提案 → 分析 → 結論」的順序思考

在許多資料和文章中，都是以「分析 → 結論 → 提案」的順序寫成，所以大家往往也會依循這樣的順序思考，然而思考的順序其實和資料、報告上的順序不同。**先思考想提案的內容，再思考需要蒐集什麼資訊來提高該提案的說服力，然後開始蒐集，最後得到結論。養成這樣的思考習慣後，工作的效率就會大幅提升。**

我因為前一份製作文件的工作，而學到了看家本領。

當時我在製作文件時，並非一開始就將資料謄寫成最終的文件，而是要用一本 A4 大小的筆記本，將頁面畫分成 4 至 8 等分的欄位，像寫摘要般記下自己想傳達的訊息和該蒐集的資料，藉此建立全貌。從一開始手寫的故事框架，慢慢增加內容，最後形成一份有聲有色的資料。先思考故事大綱，再預測這樣的故事可能需要哪些數據佐證，接著才開始蒐集資訊。當然，有時會因為一開始的假設有誤，蒐集不到自己想要的數據，而必須重新建立假說。但比起調查並建立起龐大的資料後，才發現結論錯誤而必須重頭來過，前者的工作效率絕對有著壓倒性的優勢。

3. 事先決定好分析的停損點

執著於一開始的提案，硬是要用不對的數據來佐證的話，不但需要花費大量的時間，還會變得強詞奪理，所以從一開始就要先決定何時停損。

比方說，透過網路蒐集所需的數據時，先為自己定出規則，如「1 小時內找不到支撐提案的數據，就換掉提案內容」，這麼一來就不會深陷在無止盡的搜尋中。

日間 SEE 法的「S＝可視化」
【高級篇】思考人生中重要的「6大支柱」

　　初級和中級的「Show」部分，我介紹了如何處理眼前工作的具體做法。接下來的〔高級篇〕將介紹如何從一個更大的視角，了解在自己的人生中，該將重心放在哪裡，以及如何維持平衡且張弛有度地推進事物。

　　「今天只要用這種方式工作就行了嗎？」
　　「這是自己真正想要的工作嗎？」
　　「工作與生活之間是否達到平衡？」

　　以上問題，會在此處一併討論。

建立為期半年至一年的6大支柱

**　　只要明確地視覺化呈現出自己的價值觀、人生重心的樣**

貌，就能不加思索地整理出自己的工作中，到底有哪些部分是多餘的。

　　具體來說，就是要畫出「**6大支柱雷達圖**」（參照140頁圖）以了解目前自己將心力放在哪些地方，並把自己現階段覺得重要的事物「可視化」。

　　這項工作毋須天天執行，半年至一年進行一次即可。

　　建立6大支柱有以下三步驟。

步驟1　思考出自己感到重要的6項支柱（挑選方式如後所述）。

步驟2　在筆記本上畫出雷達圖，用藍線畫出現狀的線，其中每項支柱的分數相加起來的總分為30分。

步驟3　用紅線畫出理想中未來的支柱該有的平衡（總分仍必須為30）。

知道哪些是自己絕不能退讓的支柱，就不會害怕變更預定計畫

　　雖然最初是根據自己的意志開始進行的事，卻慢慢感到彷彿是受他人脅迫而做的，一想到「不得不做」就感到沉重——

你是否也有過這樣的經驗？當一件事變成「不得不做」，如果訂出計畫卻沒有執行，一旦我們看到行事曆上那些未曾被執行的安排，就會產生「結果都沒做到……」的挫敗感。

另一方面，如果計畫中排滿了單純出於「我想做！」的念頭而做的事，就會排擠掉那些絕對非做不可、現在不做以後就會產生問題的事，這麼一來也挺困擾的。

此外，在工作忙碌的時期，想要做點什麼事時，總會擔心自己是不是在其他地方擺爛。像是懷疑自己「家事能力是否低落，打掃不到位，致使家中凌亂不堪……」「是不是沒把生活過好……」於是產生罪惡感──相信不少人都有過這類經驗。

像這樣，時間都被「不得不做」的事填滿，想做的事卻都被排擠掉；明明每件事都很重要，但又會顧此失彼……因而感到自我厭惡時，不妨為自己設定出絕不退讓的 6 大支柱吧。

若要確實創造出 Me Time，思考如何分配「時間」這項有限的自我資源，就變得極其重要。

要分配資源，就必須決定「放棄」哪些事物。如果你覺得這也重要、那也重要，而難以分配時間，多半是因為你沒有決定出哪些是「唯獨這些絕不能退讓」的事情。

只要能挑選出 6 項真心覺得「唯獨這些不能退讓！」的事，你就能毫不猶豫地割捨其他事物。

因為你所選出的 6 大支柱，全都是對你而言十分重要、不能退讓的事，所以可以隨著不同時期，改變對每項支柱的傾力程度與時間分配。這麼一來，即使現在某項支柱的比例偏低，你也會知道這並不代表自己對此事擺爛，在心情上也會輕鬆許多。

▌6大支柱的範例

支柱的設定可以只是暫時的。如果嘗試之後覺得不太對，那就 3 個月改變一次，不必一直逞強下去。

不過，突然要我們自由地想出 6 項事物，或許有些人會覺得不知從何思考起。這時候，不妨參考以下範例。

- 心靈、身體、金錢、職涯、興趣、家庭
- 生活基礎、健康、興趣、副業、本業、人際關係
- 創作、健康和運動、玩樂和朋友和冒險、育兒、家庭經營和地方創生、工作
- 與家人的時間、工作意義、經濟基礎、與社會的連結（朋友和情報）、獨處時間、身心健康
- 家庭、工作、健康和美容、心理、睡眠、自我投資
- 工作、育兒、振奮人心的交流、嗜好學習、健康美容、社會貢獻

・健康、發展興趣、與家人的時間、資格考、下屬的管理、
工作意義

我為 2022 年上半年所設定的支柱如下——
朝職事業部／朝活事業部／法人事業部／家庭與育兒／美容
和健康和放鬆／與人交流

冠有「事業部」三個字的，都是公司方面的支柱。像這樣
設定成一半是公司方面的支柱，一半是生活方面的支柱，也
是可行的。

此外，也可以參考暢銷書《與成功有約：高效能人士
的 7 個習慣》中，所介紹的，藉由「角色」來畫分，也就是
畫分他人與你的關係和責任，來發現自己人生中的重要大事
（例如：父母身分、社群成員身分、課長身分……）。

另外，我畢業後進入的企業「和民股份有限公司」，他們
當時為員工與主管間的目標管理，設定了下列支柱。

①工作／②家庭／③學習／④財產／⑤興趣／⑥健康

和民公司會長兼社長渡邊美樹所撰寫的《【新版】你為什
麼要工作》一書中，也介紹了 6 大支柱。

日間SEE法的「E＝編輯」①
思考此時此刻以什麼為優先

　　想要享有充實的 Me Time，就要盡量減少花在其餘事情的時間。為此，首先要釐清哪些才是我們要優先花時間去做的事。

「6大支柱雷達圖」的繪製法

　　思考出自己的 6 大支柱後，接下來就要將其寫入雷達圖中。6 大支柱的分數加起來總分必須為「30」分，現狀用藍色繪製，未來用紅色繪製。

　　此時有以下兩大重點：

　　① 嚴格遵守總分為 30 分的規定。

　　② 不刻意去維持數值的均衡。

　　尤其「總分為 30 分」是最大的重點。越是做事認真的拚命

三郎，越容易卯足全力為 6 大支柱努力，往往變成所有支柱都要做到 10 分，相加總分為 60 分。但是全部都竭盡全力去做的話，最後一定會因為超過負荷而倒下。

想要確保 Me Time，就必須認知自己能承擔的有限，自己並非超人。請務必遵守總分為 30 分的規定。

要訣是刻意讓雷達圖呈現「不平均」的狀態

其次，不刻意讓各項支柱達到平均，也是一項要訣。

比方說，如果把「與家人相處的時間」設定為一的話，我們可能會不禁感到自己很「沒人性」。你可能會認為：「我

繪製出6大支柱雷達圖

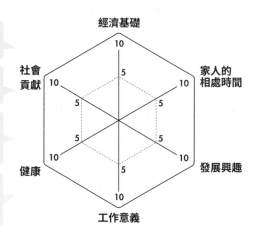

1　思考出6項自己感到重要的支柱。（什麼都可以）

2　用藍線繪製現狀，相加起來總分必須為30分。

3　用紅線繪製出希望今年能變成怎麼樣。（嚴格遵守總分30分！）

※分數高低落差太大也無妨！檢視自己想對什麼傾注心力。

這麼不重視與家人相處，太差勁了。」但事情並非如此。你完全不用這麼想，因為你在仔細思考哪些是「絕不能退讓」的事情時，已經選擇了「家人」為其中一大支柱了。

因為家人是6大支柱之一，所以證明你是重視家人的。

即使是重要的支柱，每個人也會各自選在不同的時機，增加投入的力量或加快步調。**以藍筆畫出現狀，以紅筆畫出未來，視覺性地為自己的內在賦予快慢鬆緊吧。**

有凸起或有凹陷都沒關係

有高有低反而更能讓我們知道該把力量傾注在什麼事情上。6大支柱若是保持平均，就會搞不清楚該在哪裡出力。

【繪製範例】

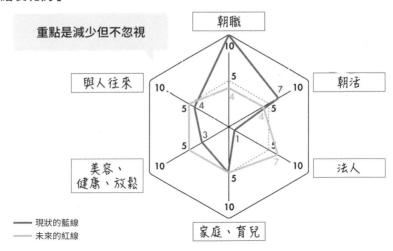

從這層意義來看，如果因為總分必須為 30 分，每項支柱都各分配 5 分的做法，跟每個支柱都設為滿分 10 分，加起來總分 60 分的做法並無差異。拚命三郎個性的人無法對每件事都只使用 5 分的力氣，也就是無法對每件事都適可而止，最後就會變成對每件事都十分用力地全力以赴。這麼一來，往往會把自己逼到力氣耗盡、無以為繼，結果沒一件事做好。

所以我們不妨刻意製造分數的不平均，當成宣示：「既然過去都把力氣放在這件事上，那麼接下來就把力氣投注在下一件事情上吧。」

▋如何將 6 大支柱具體化為「該做的事」

知道 6 大支柱要重點式分批進行後，接著就要思考：具體上該以什麼為目標？該執行到何時為止？

這時候，只要列出如下頁表格，就能制定出大致的目標。我稱之為「**理想樣貌比較表**」。

表格左側的 6 個方塊對應 6 大支柱。可將方塊的框框分成 6 種不同顏色，之後安排行程時，就能在視覺上一目了然（之後將會解說保有 Me Tim 的安排行程法）。

6 個項目的順序與顏色沒有特別規定，可自行決定自己喜歡的顏色和順序。寫好 6 個項目後，接著就是按照「理想樣貌」→「現狀」→「要做什麼來填補落差？」的順序，一一

理想樣貌比較表

	理想樣貌	現狀	要做什麼來填補落差？
朝職	成員 ●●●人 輕鬆方案 ●●●人	成員 ●●人 輕鬆方案 ●●人 ＋●●人 每個月●●人 ＋●●人 每個月●●人	獲得●●●獎 利用廣告打開知名度 防止脫隊方法的教育 挖掘出有進步的人 擴大規模並且組織化 每月的議題 講座、未來學堂
朝活	維持每個月都能不斷售出 手帳的狀態 《朝活手帳》完售 開發廣而易行的朝活服務 拉攏網紅、藝人成為手帳 　愛用者 成為講師	只能賣到12月 只有《朝活手帳》而已 目前還沒有網紅使用	培育手帳認證講師 建立親善大使制度 固定每週上傳 YouTube 　影片 固定寄發電子報、上傳IG
法人	●●●出版 培訓重啟 演講重啟 法人契約下的早晨活動	希望從每月1次增加至每 月3次左右？	製作培訓用的早晨例行事 　務→製成 pkg 壓縮檔 承包活動企畫 向 M 先生提案 BK 先生活動
家庭、育兒	總是笑咪咪 和睦 ●●●合氣道 週日可以盡情遊玩 每2個月旅行1次	現在的狀態就很棒了	查詢如何報名●●●合氣 　道 建立家規，讓彼此擁有相 　同目標 在行事曆中排入旅遊行程
美容、放鬆、健康、	每月去1次美容美體沙龍 　或按摩館 重啟馬拉松，全家一起 定期做TRT療法	無法成行	排入行事曆中
與人交流	想定期與同為經營者的朋 　友交流	因新冠疫情Stop	先從線上活動開始

填寫各個欄位。

「理想樣貌」是想像並寫下一年後變成什麼狀態自己會感到幸福。此處的重點與第3章「理想的夜晚例行事務」一樣，不是先寫現狀、再寫理想，而是**要先寫理想、再寫現狀。請先讓自己興奮地想像：「如果變成這樣就太好了！」再將你所想像的內容寫下來。**

寫出「理想樣貌」和「現狀」後，便能看出兩者間的落差，也就能寫出需要做什麼來填補落差了。不必十分詳細，只需寫個大概。

若能設定數據目標，那就盡量把數字也寫上。

我從「用數字」「具體」思考中，取其「數」「具」二字，稱之為「**數具法則**」。

先興奮地妄想：「哇！這要是能實現該有多好！」模擬願望實現的心情後，再冷靜下來，將其化為能「用數字」「具體」實踐的行動。

「數具法則」的切入點有以下三個方向。

①**實踐什麼行動？**

②**以何種頻率實踐？**

③**實踐到何時為止？**

若想進行更深入的思考，也可使用 5W2H 做為切入點。

5W2H 就是前面「致勝時間」管理所介紹的 5W1H，再加上「How Much」。

5W2H＝When（什麼時候）／Who（對誰）／Where（在哪裡）／What（做什麼）／Why（為什麼）／How（怎麼樣）／How Much（以多少）做為切入點

預定行程是會改變的，所以不訂出縝密的內容也無妨。關於如何重新檢視或回顧預定行程的方法，第5章會詳細說明。

讓6大支柱變得一目了然

大致確定「理想樣貌與現狀的落差為何？」「要做什麼以填補落差？」後，就要把「在何時、在什麼時機點認真經營6大支柱」製作成能一目了然的圖表。這麼一來，我們就能知道要在哪方面傾力，以及要如何保持張弛有度。

具體來說，就是跟前面的「理想樣貌比較表」一樣，分別給6大支柱6種不同顏色，就會一清二楚了。

在我發行的《朝活手帳》中，有「年度計畫表」的頁面，如下頁所示。我們可以透過這樣的對開頁面，將一整年的計畫一覽無遺。

每月第一週是與人交流日！

日 \ 月	1 January	2 February	3 March	4 April	5 May	6 June
1	六	二	二	五	日	三
2	日	三 發訊	三 發訊	六	一	四
3	一	四	四	日	二	五
4	二	五	五	一	三 發訊	六 未來學堂
5	三 發訊	六	六	二	四	日
6	四	日	日	三 發訊	五	一
7	五	一	一 朝職的前景	五	六	二
8	六	二	二	五	日	三 發訊
9	日	三 發訊	三 發訊	六	一	四
10	一	四	四	日	二	五
11	二	五	五	一	三 發訊	六 未來學堂
12	三 發訊	六	六	二	四	日 旅行
13	四	日	日 旅行	三 發訊	五	一 旅行
14	五	一	一 旅行	四	六	
15	六	二 外賓講座	二	五 外賓	六	二 外賓
16	日	三 發訊	三 發訊	六	日	四
17	一	四	四	日	一	五
18	二	五	五	一	三 發訊	六 未來學堂
19	三 發訊	六	六	二	四	日
20	四	日	日 每月例行講座 發訊		五	一
21	五	一	一	四	六	二
22	六	二	二	五	日	三
23	日 旅行	三 MokuMoku	三 發訊	六	一	四
24	一	四	四	日	二	五 沙龍
25		五 沙龍	五 沙龍	一	三 MokuMoku	六 未來學堂
26	三 手帳MokuMoku	六	六	二	四	日
27	四	日	日	三 MokuMoku	五 沙龍	一
28	五 沙龍	一	一	四	六	二
29	六		二	五 沙龍	日	三 MokuMoku
30	日		三 MokuMoku	六	一	四
31	一		四		日	

（直書註記）1月：家規　4月：留白2　5月：朝活手帳

7 July	8 August	9 September	10 October	11 November	12 December	月 / 日
五	一	四	六	二	四	1
六	二	五	日	二 發訊	五	2
日	三 發訊	六	一	四	六	3
一	四	日	二	五	日	4
二	五	一	三 發訊	六 未來學堂	一	5
三 發訊	六	二	四	一	二	6
四	日	三 發訊　朝職的前景	五	一	三 發訊	7
五	一	四	六	二	四	8
六	二	五	日	三 發訊	五	9
日	三 發訊	六	一	四	六	10
一	四	日	二	五	日	11
二	五	一	三 發訊	六 未來學堂	一	12
三 發訊	六	二 發訊	四	日	二	13
四	日	三 手帳販售	五	一	三 發訊	14
五	一 發訊	四	六 外賓	二	四 外賓	15
六	二	五	日	三 發訊	五	16
日	三 發訊	六	一	四	六	17
一	四	日	二	五	日	18
二	五	一	三 發訊	六 未來學堂	一	19
三 發訊	六	二　每月例行講座	四	日	二	20
四	日	三 発信	五	一	三 發訊	21
五	一 旅行	四	六	二	四	22
六	二	五	日 旅行	三 發訊	五	23
日	三 發訊	六	一 旅行	四	六	24
一	四	日	二	五 沙龍	日	25
二	五 沙龍	一	三 手帳MokuMoku	六	一	26
三 手帳MokuMoku	六	二	四	日	二	27
四	日	三 手帳MokuMoku	五 沙龍	一	三 手帳MokuMoku	28
五 沙龍	一	四	六	二	四 沙龍	29
六	二	五 沙龍	日	三 手帳MokuMoku	五 沙龍	30
日	三 手帳MokuMoku				六	31

也可以利用試算表軟體製作一個相同的表格，一邊將一整年的日子盡收眼底，一邊規畫如何將 6 大支柱的一片片拼圖，拼進一整年的行程中。

　　做這件事的目的，是讓我們可以粗略而全盤地綜觀一整年的行程。不必想著一定要規畫出正確而完美的計畫。光是像這樣將支柱可視化，也會帶來撥雲見日的效果，讓未來變得可以預測。

　　可以排定出具體日期的項目，就直接寫上去，如果難以決定該排在幾月幾日的話，就只需在一個大致的時間範圍內，寫下你的預定行程。

日間SEE法的「E＝編輯」②
重新檢視不做的「心態」和「做法」

設定出「6大支柱」後，就能為自己釐清這半年到一年時間內，自己想要在何時、做什麼的大方向。

時間是有限的。知道了該在哪裡放鬆神經，該在哪裡繃緊神經後，接著就能進入下一階段——拋開目前不必要之事。

▌拋開不必要之事的兩個要訣

不做並非「放棄」，而是「認真選定自己真心想做之事」。順從自己心底的欲望，不做「莫名覺得還是做一做比較好」的事。以上是我在前面提過的。話雖如此，但你若還不習慣這麼做，恐怕有時會難以下定決心，因此這裡要介紹兩個幫助你「不做」的訣竅。

1. 決定不做前，先把「想做的事」全寫出來（全部翻出來再選擇）

在自由想像所有自己想達成的事，並決定哪些事不做之前，先帶著興奮雀躍的心情把那些事統統寫出來吧。然後冷靜下來，好好看著自己所寫的事，選出哪些你覺得「唯獨此事不能退讓！」

這麼一來，「不做」就會變成「認真選出自己真心想做之事的結果」，而不再是「放棄」，我們也會更容易下定決心不做。

2. 透過「心態」和「做法」的角度，思考如何不做

看著自己「想做的事」，從「心態」和「做法」來思考自己該怎麼做才能實現此事。比方說，看著自己「想做的事」，你可能會發現，一直以來之所以進行不順利，其實是因為自己太想扛下所有的事。於是，你可能會想：「我不想再扛下所有的事了！」

這時候，就可以透過「心態」和「做法」這兩個角度，思考怎麼做才能不再扛下所有的事。

「心態」的角度

・不要再想：只要自己咬牙撐過就好。
・不要太高估自己。

- 不要再為了周遭的眼光而討好他人。

「做法」的角度

- 別人的邀約，如果自己提不起興趣，當下就拒絕，不要顧左右而言他，也不要以拖待變。
- 如果覺得自己無法達成，就立刻拜託別人幫忙。
- 不要委婉釋放「求助訊號」，而要明確地說出來。

當你分析至此，下一步就只剩實踐了！此時你必定可以很自然地「不做」了。

如果試過以上方法，還是無法為想做的事縮小範圍的話，那麼還有一項必殺技，就是**「絕對不想做清單」。當我們產生「我不想做啦！」的想法時，其實就是這件事會令我們感到不愉快。但事實上，這些事是很好的契機，能幫助我們發現自己的真實想法、自己內心深處的吶喊。**

即使在強烈覺得「我想做！」時，只要深入挖掘理由，問自己：「背後真正的想法是什麼？」往往就會發現，「想做」並非我們的真實想法。換句話說，我們可能會把 Want 和 Have to 混為一談。來看看以下例子。

- 想透過親自下廚，讓全家人吃得健康。

↓

（真實想法）其實覺得親自下廚很麻煩、很討厭，但不親自下廚的話，恐怕身邊的人會覺得我是個不稱職的媽媽，所以非下廚不可……

・為了因應百歲人生時代的來臨，想開始從事副業。
↓

（真實想法）其實很喜歡現在的工作，也不想因為副業而變得忙碌。但看過一篇網路文章提到，一般的上班族將會被時代淘汰，而開始感到忐忑不安，所以覺得還是經營一下副業比較好……

透過以上例子可以發現，當事人的真實想法明明是「不想做」，卻因擔心別人會怎麼想、受到他人評價左右，而把自己不想做的事當成了想做的事。

然而「我不想做！」卻是出自內心最真實的聲音，所以其中不會摻雜他人評價。思考什麼事是「我不想做！」的，就能不在乎他人怎麼想，自由自在地寫出自己想到的事情。

I don't have to...是「我不需要」，I don't want to...則是「我不想要！」「我厭惡！」應該看得出來，後者會引發更強烈的情緒反應吧。

「我不想下廚！」

「我不想搭乘擠滿人的電車！」

「我不想委屈自己配合他人！」

你可以像這樣，恣意寫下自己的想法，畢竟不是要寫給他人看的，所以不必有任何顧忌。

我當然不是鼓吹大家現在立刻停止做那些自己「絕對不想做的事」，因為生活中仍有許多不得不做的事。即使如此，只要理解了自己「絕對不想做的事」——換句話說，只要理解自己的真實想法，就有機會思考：「那麼接下來我該怎麼做？」

當我們能思考「接下來我該怎麼做」時，就能發現還有其他選項——交給真正想做的人（若存在的話，也包括能完成該事的家電、機器）去做——我們的想法也就會變得更容易實踐。

也就是說，**可利用排除法思考「絕對不想做清單」，使「想做的事」浮上檯面，於是就能看出哪些事是「該停止做的事」。**

・真正想做的事＝Want

・想到今後的未來而認為「不得不做」的事＝Have to

如果一整天的行程都被「不得不做」的事占據，那麼無論有再多的時間也不夠用。

可是，只要能做真正想做的事，哪怕是淺嘗輒止，就算在從事其他一如既往的行程時，內心也會有截然不同的充實感。

讓我們挖掘出自己的真實想法，利用每天的 Me Time 去做自己真正想做的事吧！

▎可以拒絕嗎？辨認臨時加班的方法

即使決定了哪些事「不做」，還是有可能不得不做。尤其是在受到外部因素影響的白天，我們常會因為突然被塞工作，不得不「臨時加班」。

如果是因為自己把事情評估得太簡單而加班，或發生緊急情況不得不加班，會比較容易看得開。但若是遇到臨時插進來的工作，我們就會鬱悶地想：「這種『臨時加班』真的有意義嗎？」卻又無法說出自己的想法，也不知該如何交涉，最後只好摸摸鼻子答應，取消跟朋友的見面約定，一邊工作，一邊生著一肚子悶氣：「為什麼我非得在這時候做這件事不可？」「都是那個人害的！」相信不少人都有過這類經驗吧。

「真的有必要加這個班嗎？」在我們產生這種懷疑時，如果可以瀟灑地說：「沒必要的班，我不加！」然後扭頭就走，那該有多好？但現實中我們當然不可能這麼做。

尤其企業高層中，確實仍存在著無法接受員工拒絕加班的人。

「越是拿不出成果的人，越喜歡把『工作與生活的平衡』掛在嘴邊，一味主張自己的權利。」

「很想在工作上有所貢獻。但也覺得不加班、擁有自己的生活很重要。關於技能的提升，只有公司會付錢的活動才願意參加。不管別人再怎麼加班，自己都會準點離開……這種人的能力都特別差，真是受夠了。」

「那些比爛主義者都是堅持不加班的人。」

有時候，越是曾沒日沒夜地工作，才建立起今日地位的人，越會有這類想法。即使表面上不說，他們內心深處還是會這麼想。

在職場上，經常會產生「重視工作，還是重視生活」的意見對立。兩邊的意見各自有不同的立場，無法決定孰是孰非，但公司畢竟是透過團隊工作而建立的組織，站在一部分反對「工作與生活平衡」的人面前，要如何一邊避開他們的批判，一邊貫徹自己的主張，就得看個人的真功夫了。

不想讓人覺得你是「比爛主義者」，就必須滿足以下兩項條件。

①培養出正確的評估能力、預見能力。
②正確地傳達出如果接下新工作，那麼手邊的其他工作會發生什麼變化。

能否明確地說「NO」，不是取決於一個人的角色地位，而是取決於一個人有無自信。如果對自己評估工作的能力與判斷力擁有專業自信的話，我們就能毫不畏懼地向對方說出自己的想法。

「停止手邊正在進行的工作，從頭開始做這件事的話，就會發生這種情況，即使這樣也沒關係嗎？」

「如果發生這種狀況的話就不妙了，所以我會先把您委派的這部分工作趕緊處理完畢，至於其他部分，應該可以等到明天再做吧？」

能像這樣立刻充滿自信地說出接下新的工作後，將會使原本預定的工作產生什麼變化、這種變化是好事還是壞事、若是壞事該如何將衝擊降到最小，那麼就一定能避開加班。

為此，先進行「辦事封鎖」，詳細掌握自己手上的工作

可分成哪些小顆粒，並估算出需要多少工時。只要能明確指出，接受「臨時加班」會使什麼事發生什麼變化，那麼我們就不會再因為突如其來的工作委派而滿腹委屈了。

當我們根據這樣的「SEE 法」確實將時間「可視化」，並能對時間加以編輯時，就會具備自信與話語權。這麼一來，就不必再默默地接下所有委派工作，沒完沒了地加班。

如果只把焦點放在「我不知道怎麼拒絕」，那麼我們就會傾向於學習「交涉技術」或「積極溝通」（Assertive Communication，尊重對方的同時，也確實表達出自己意見的技術）。然而在那之前，我們更該加強的其實是本質上的工作能力與評估能力。而且這些能力是不用再去讀一本書、報名一堂課程，就能立刻開始強化的。看起來雖然像在繞遠路，其實卻是最短的捷徑。

首先，有意識地為自己進行工作評估，包括「自己平常會花多少時間在什麼事情上？」「負荷過量時會出現什麼負面影響？」等。

接著，當他人委派「臨時工作」時，問自己以下三個問題。透過自問自答，能讓我們對自己該如何向對方表達意見進行模擬。

①接下這項工作，是否會排擠到現在手上的工作？

②如果會的話，會在哪些部分造成多大的工作延遲？

③為了避免該項工作延遲，自己能做到的最佳解決方法是什麼？

　　就算剛開始沒辦法立刻想出來，也不必氣餒。不屈不撓地持續下去，慢慢地就能不加思索地說出口，與對方進行交涉。

日間SEE法的「E＝享受」
利用「公私混同力」盡情享受

實踐到此為止所介紹的 Edit，白天的時間也會變得可以預期。

最後，就是盡情地享受被你視為最優先的時間了。

此時，把什麼都扯上關係的能力，能發揮很好的效果。

能像玩遊戲般興奮地工作，而不明確畫分「到這邊為止是工作」「到這邊為止是玩樂」的能力，我稱之為「**公私混同力**」。

讓我們保持模糊曖昧的界線，不必清楚畫分出工作和生活的區別，運用所有前面所培養的經驗，既在公司裡做出成果，也在生活或副業兼差中發揮相輔相成的作用吧。

▌「工作或生活」的想法已經落伍

當我們開始思考 Me Time，就會對 Have to 和 Want 變得敏

感，或許有人會因此開始思考：「我無法在現在的職場上發揮實力。」「這項工作不是我真正想做的事。」不過，應該很少有人能一邊瀟灑地說「這份工作不是我要的」，一邊毫不遲疑地離開原有的工作吧？

既然如此，我們應該先思考的是：如何將現在的工作變得有趣。

過去人們傾向把工作上的優先順序，和自己傾注熱情的生活上的優先順序，當做兩件不同的事分開來看。但這種「選擇工作或選擇人生」的想法已漸漸落伍。

像玩遊戲般樂在其中的工作時代即將來臨，即使在工作上，我們也將能讓個人特質、自身靈感、人生經驗產生不凡的價值——我堅決相信。當這樣的未來實現時，連「如何在現在的工作和喜歡的工作之間做出妥協」的問題都將不復存在。

但現在正處於過渡期。Have to 的工作恐怕還是多不勝數。

然而，與其抱怨情非得已的現狀，不如試著尋找享受現狀的方法，對吧？

「現在的公司沒有自由。」當你這麼想的時候，你的思考就會停在此處。「假設有某一件事是光靠自己無法獨力完成的，但若以公司一員的身分，運用組織給予的龐大權限和預算，就有可能實現。」當你轉換成這樣的思維時，或許你所

在的公司裡也潛藏著尚未被挖掘出的「自由」。

再者，許多時候我們覺得自己「沒留下什麼大不了的成果」「會做這些事也是理所當然的」，但在跟別人分享後，對方卻連連稱好。

有些事可能已經成為公司內的常識，因此得不到肯定；那麼大膽地投入一個陌生的環境，一個聚集著不同業界或不同年代的人的社群，也是個不錯的選擇。若能從中發現自己目前正在從事的工作或活動有多了不起（或反過來，發現自己過去的想法多天真）的話，它或許就會成為一個契機，讓我們能在現在的工作上再次奮發向上。

此外，最近越來越多人開始擔任志工，像是參與地方上育兒活動的營運，或者嘗試以 Pro Bono（透過發揮自己的專業領域、擅長能力所進行的社會公益活動）的形式，看看自己的技能在其他組織中是否也吃得開。我有認識的人透過 Pro Bono 中的人際關係建立了自治團體，並發揮「公私混同力」，在自己的本業中提出與自治團體有關的提案。

把工作上養成的能力也發揮在其他領域

我所主辦的「朝職」，會定期舉辦名為「老師家家酒」的活動。在現實生活中自稱「老師」，或許會令人感到德不配位，「老師家家酒」就是為了避免這種狀況，而製造出「輕

教學」的機會，讓大家將自己比別人多知道一點、能充當小老師的知識，實際在他人面前進行教學，也是藉此考驗大家的興趣或專長。我會給每位成員40分鐘的時間，以線上教學的方式，談論該成員在工作上或公司裡自己「略懂」的事。自從舉辦「老師家家酒」後，我最大的感觸是「**你的普通，是某個人的不凡**」。

- 自己挑選的伴手禮經常被誇讚很有品味，這其實是因為過去在百貨公司外商的工作經驗，培養出了一套挑選伴手禮的方法
- 從公司獨立出來，成為自由撰稿人後，14年來即使不打廣告，案子也能源源不絕的小秘訣
- 身為女性，獨力扶養3個孩子的同時，還能一次通過3項國家級檢定考，這背後創造備考時間的方法
- 在20幾歲時罹患憂鬱症和早發性癌症後，自己如何從中復元的經驗
- 擔任兒童音樂教室講師30年，接觸過1千位家長和孩子後，從中悟出的育兒論

這類已經能公開舉辦演講的內容，在成員之間接二連三地出現，豈止是「略懂」而已。但我發現，許多事對當事人來說已變得「理所當然」，所以他們不當一回事，而逐漸失去

自信。

　　我還曾遇過一個例子。一位平常在法人擔任業務工作的朝職成員說：「在新冠疫情下，無法面對面地跑業務，只能透過電話和電子郵件，我卻能連續接到大筆訂單。可是這樣的成果，公司內卻沒人在意。」我聽完後便說：「這真的太厲害了，請你一定要統整歸納出自己提高業績的方法，然後在公司裡向大家宣傳你付出了什麼樣的苦心！」

　　我尤其建議那些覺得自己不值得一提的人，可以參加令你覺得「我好像格格不入」或「過去的自己一定無法加入」的社群團體。透過外界的眼光，一定能讓你開始認同一路努力過來的自己，知道其實自己很棒。

▎使用「公私混同力」讓工作變得格外有趣

　　如果你根據134頁介紹的「6大支柱」法，發現自己現在可以不必放那麼多重心在工作上的話，那麼你也可以試著將現在有興趣的事物與工作扯上關係。如果你是公司職員，但有意單飛，那就從目前的公司裡，找出讓自己能夠單飛的事業種子。這麼做所需要使用到的，也是「公私混同力」。

　　試著思考如何將自己「喜歡」或「想做」的事，連結到目前的工作或環境。透過這樣的角度看現在的工作，就會讓原

本覺得無聊的工作，變得格外有趣。

【荒木千衣的巧克力推廣活動事例】

我認識一位名叫荒木千衣、任職於出版社的朋友。她從 2016 年 5 月起，開始實踐「1 天吃 2 到 3 種沒吃過的巧克力」，並且每天不辭勞苦地更新部落格。結果憑藉這個部落格，她至今不斷接到文字採訪、雜誌訪問、擔任活動嘉賓的工作邀約。

她打算展開巧克力推廣活動時，已先確認過公司員工守則。公司儘管禁止員工到競爭對手的公司從事相同的工作，但並未徹底禁止從事副業，因此她找了總務部裡好說話的同事商量，希望能透過請假半天、一天，以及週六日來從事巧克力推廣活動。如今，她的巧克力推廣活動已經得到了公司的認可。

她會在自我介紹時提到巧克力的事，或在開會時分發自己吃不完的巧克力。久而久之，公司裡也開始有人跟她交流巧克力情報，或在社群網站上對她的巧克力貼文按「讚」。

多虧在工作之外還有可以如此投入的事物，才讓她遇到失敗時變得不再糾結。她說，這也是其中一項好處。過去，她是個遇到一點挫折，就會一直放心上的人；甚至做夢也會一邊夢到工作出包，一邊呻吟。就連已經過去的事，她都會不停回想。如今，她可以強制性地將大腦從工作模式，切換到

巧克力模式，也已經能用「船到橋頭自然直」的心態面對一切事物。

為了推廣巧克力，她在公司裡辦活動時，必須上臺說話，必須學習如何排定並推進行程，以及如何溝通等，這些都能在她現在的工作中派上用場，因此兩者具有相輔相成的效果。

【池田千惠的「大口暢飲日」事例】

我自己的例子則是：2005 年，我曾因純粹的興趣使然，設法提倡將5月9日定為大口暢飲啤酒的「大口暢飲日」（譯註：大口暢飲的日文Gokugoku，與「5959」諧音）。日本紀念日協會受理我的提議後，開始有「日本國際志願者協會」為我主辦活動，也有大型啤酒製造商主動贊助。當日本維基百科將「大口暢飲日」載入「5月9日」的條目下方後，它也成了一個頗具話題的紀念日。

最初思考如何推廣「大口暢飲日」時，我曾想過，如果能找當時我所任職的公司裡的頂尖管理顧問提供諮詢和建議就好了。

然而，我是事務工作的協助人員，這並非分內的事，所以我也不敢直接拜託對方。雖然不能在工作時間中請對方為我天馬行空的想法進行腦力激盪，但由於我們都是「愛酒人」，使我有機會慢慢接近對方，最後若無其事地提出大口

暢飲日的事，也成功得到對方的建言。

我原本只是將這一天定位為「酒國男女的慶祝日」，而願意為這種個人興趣提供協助的，也只有跟我熟識的人而已。

「妳要為大口暢飲日賦予社會意義。」

管理顧問的這一句建議，對當時的我來說如獲至寶。而且，這句話至今仍深深地刻印在我心上。

- 要喝到好酒，有賴於良好的水環境，所以將這天訂為「思考水環境之日」。
- 我之所以愛酒，歸根究柢是因為乾杯時，大家絕對都是滿面笑容。所以將這天訂為「透過乾杯帶來更多笑容的世界和平之日」。
- 將約翰・藍儂的歌曲《想像》訂為主題曲。希望有朝一日，即使是交戰雙方的軍人，也會因為一句「今天是大口暢飲日唷」而停下戰火，互相把酒言歡。

訂出這些理念後，大口暢飲日就不斷地被傳播開來。

如今，不僅是大口暢飲日，我在其他許多主題上，都有了向企業提出各種企畫、進行商品開發的能力。

發掘隱藏的 Want

雖然我們也可以向外尋求自己的 Want，但當我們接納並認真凝視眼前的環境時，眼前就會出現通往 Want 的道路。

在平日的工作中找出樂趣、發現關聯性，只要從這一步做起，我們就能慢慢將「工作即玩樂，玩樂即工作」的意識，內化成自己的一部分。

「工作即玩樂，玩樂即工作」的時代來臨後，「棒打出頭鳥」的價值觀將會終結。正因人人不同，才能彼此展現個人特質，進而創造出新的價值。

現在是一個連 3 至 5 年後，世界會演變成什麼樣子都無法預測的時代。在這樣的時代裡，反而是有過多次為興趣而專注投入 1 至 3 年經驗的人，才稱得上強者。他們帶著相互加乘的多重強項叩關市場；得到反饋後，又能從中學習到彷彿量身打造式的知識技能。這些量身打造式的知識技能，將會化做他們的血肉，變成誰也模仿不來、「只此一家，別無分號」的專長。

首先，**不要向他處尋找自己，而要在現在所處的環境中開始做自己**，進而讓 Me Time 無限擴大。

小專欄

推薦「Power Nap」

經常有人問我：「這麼早起，下午不會睏嗎？」我的答案是：「會啊，當然會睏。」專注做事或與人進行商討時還不成問題，但在工作比較不忙碌的日子，有時到了下午2點左右，一陣睡意就會襲來。尤其，當天若沒有睡滿我最理想的7小時睡眠時，只要中午吃太飽，就一定會發睏。

即使硬撐過一時，也恐怕會對下午的工作表現產生負面影響。當我這麼想之後，便為了「Power Up」（提升精力）開始進行15分鐘左右的「Power Nap」（精力午睡）。說是午睡，可能會給人打混摸魚的感覺，但說「Power Nap」的話，就會覺得「我接下來是要提升下午的表現」，心境也會變得正面積極。

建議在 Power Nap 之前攝取咖啡等含有咖啡因的飲料。因為咖啡因不會立即被人體吸收，因此恰好會在醒來後產生效果。

—— 第 5 章 ——

如何利用行事曆創造
Me Time？

行事曆是全盤管理
「SEE 法」的萬能工具

　　前面的章節裡，詳細說明了在晨間、夜間和日間三個時段，分別可以用什麼方法抽出自己的時間，又不必自我犧牲。然而，無論我們再怎麼珍惜自己的時間，也無法在一時半刻就改掉經年累月所養成、以對方為優先的習慣。因此，接下來我要再介紹一個方法，它可以幫助我們將前面談過的心法與技法，結構化地整理歸納起來。

　　結構化的整理歸納需要行事曆為工具，其中又以紙本行事曆最合適。因為行事曆就是一種能全盤管理「SEE 法」的工具。換句話說，SEE 法其實就是在做以下的事（這只是概略敘述實際所做的事，因此在後述的 SEE 法中，會用到不一樣的說法）。

・**Show** → 審視與回顧自己的時間、對方的時間。
・**Edit** → 靠自己的意志決定何時、在哪裡、做什麼，並將其排入行程。

・Enjoy → 創造出一邊對未來的自己懷抱期待，一邊又能
　雀躍享受的時間。

　　每天使用紙本行事曆時，請有意識地做到這三件事，並慢
慢養成習慣。

　　這麼一來，我們就能綜觀並回顧自己的行動與目標。**計畫
不是制定好就完事了，還要加以實踐才有意義**。因此，關鍵
在於我們必須定期回顧，檢討自己是否過著理想的時間，並
頻繁地進行調整。

　　讓我們利用行事曆將時間「可視化」，自己安排自己的
生活節奏、公私行程，摸索出該將 Me Time 放在什麼時機點
上。當我們有意識地把 Me Time 排入自己每天的生活中，就
會產生下列好處。

・根據自身的決定創造時間，因此能獲得充實感。
・不會再感到時間一轉眼就消融於無形。

計畫不一定會如預期般進行

經常有人說：「即使安排了計畫，事情也不會如願進行，所以我放棄安排計畫了。」

這樣的人可能誤以為計畫就像是完美的導航系統。

導航的正確性確實很重要。那是因為目的地已經確定，只要朝著唯一的目的地前進即可。如果地圖是錯誤的，就不可能到達正確的目的地，因此不容一絲錯誤。

但計畫並非如此。計畫是為了「我想讓事情變成這樣」「若是這樣就再好不過」「為此我必須做什麼」等目的思考出的方針。換句話說，**計畫是把對未來一廂情願的期望轉換成具體行動。**

既然是一廂情願的期望，當然就有可能產生變化。

但是不用擔心！

計畫不是用來使事情如預期般進行，而是用來檢視的。

我們活在一個連半年後、一年後會變成什麼樣子都無從知曉的時代。當事情未如預期般進行時，我們只要找出原因，

並思考接下來該採取什麼方法即可。

　　你應該也常在電視或報紙上，看到「向上修正」「向下修正」的新聞。無論計畫再縝密，只要發生出乎預料的事態，計畫就會生變。所以，制定計畫之後，如果事情未如計畫般進行，也毋須垂頭喪氣。只要按照後面詳述的方法，確實將「回顧」排入行程中，就不用再害怕計畫趕不上變化了。

　　不過，務必拋開先入為主的觀念，別再以為計畫就是要分毫不差地進行。光是跳脫這種錯誤的觀念，心情就會輕鬆許多。

行事曆SEE法的「S＝可視化」 ①
將紙本的「綜觀」優勢發揮到極致

本章一開始也提到，創造 Me Time 的最佳工具，首推紙本行事曆。

因為它可以讓我們一目了然地掌握我們要花費多少時間在想做、該做的事情上。文字內容以外的部分，還能透露出更多資訊，幫助我們了解自己內心的真實想法。就讓我來解釋這麼說是什麼意思吧。

紙本行事曆的其中一項優點是，可以一眼看盡整體趨勢的曲線。

雖然電子行事曆也可以透過圖表化功能了解時間的推移，但若是使用紙本行事曆，就會出現筆跡潦草、行事曆一片空白等狀況。這些資訊的留白，能讓我們從中看出自己的忙碌程度和精神起伏，這是數位化所無法傳遞的。

認真看待行事曆的時間，會為你帶來 Me Time

　　計畫趕不上變化的日子、忙碌的日子、明明有時間卻一事無成的日子，這些日子任誰都經歷過。但如果我們看的不是單單一天，也不是只有文字內容，而是將包含著情緒的一切資訊，當成一個大趨勢來看，我們就能看出忙碌程度的曲線或身體狀態的變化，比方說，自己只是遇到週期性低潮而顯得諸事不順，或者月底很忙但月中很輕鬆等，若能整體來看的話，我們就不會太沮喪了。同時，也能看到好的一面，發現原來自己做得比想像中更好，自己的情緒也就不會再因為一個獨立事件，變得有如雲霄飛車般忽高忽低。

　　另外還有一個重點，就是紙本沒有電子行事曆的複雜功能，正因為簡單陽春，才不會被其他事物打斷。

　　當你處在一個時時刻刻都能使用手機、平板電腦或桌機的環境中，逐漸習慣後，是不是會很想「順手」去做各式各樣的事情？比方說，為了確認行程的詳細內容而在檢查電子郵件後，順便把其他事情也做一做。除非是意志力強大的人，否則很難不這麼做。看到重要的交易對象傳來了郵件，於是開始寫回信；或者順便看了一眼社群網站後，忍不住一個接著一個地確認其他朋友的動態。甚至本來只打算花 2 分鐘看的，不知不覺就過了 20 分鐘……

可是使用紙本的話，只要規定自己在打開行事曆的同時，一定要將手機暫時擱置一旁，就能避免遭受各式各樣的誘惑。

面對行事曆的同時，當手中只有紙筆時，要創造時間就會變得容易許多。

數位行程表是做來「給別人看」的

當然，數位也有數位「特有」的好處，那就是可以跟他人分享你的行程。

如果你是使用電子行事曆來保有 Me Time，請積極運用共享功能。

舉例來說，**如果你的工作會透過分享行程來互動進展的話，那麼請透過視覺上的方式，把你想為自己保有的時間封鎖起來，使其他人也能看見。**至於那段時間要做什麼事，沒必要一五一十告知。不妨就寫「封鎖」等，讓別人知道這是你的私人時間，而不好意思深究，為自己披上一層「保護色」。

下午 6 點以後絕不想加班的人，就將每天下午 6 點之後的時間封鎖，藉此也能對外宣布「這段時間是我的私人時間」。

當你一再這麼做時，別人就會漸漸了解「下午 6 點以後，

就找不到這個人了」。

　　行事曆的 Show 並非只有將其「可視化」再加以實踐，就大功告成。除此之外，還需要定期回顧之前做過的事。
　　下一節要介紹的就是另一部分的 Show，也就是「回顧」。

行事曆 SEE 法的「S ＝可視化」②
建立回顧的行程

想利用行事曆保有 Me Time，就一定要保留時間，用來回顧自己之前在行事曆上描繪的願景。

事先排定好計畫制定後的回顧時間，就能確實回顧先前定下的計畫，即使產生偏誤或情況發生變化，也能一點一點地慢慢調整。千萬不要忽略了這一步驟。

這麼做能防止計畫中的偏誤一點一滴地累積，自己卻放任不管，最後連要翻開行事曆都會產生排斥，或是一直陷在「今天又沒做到」「看起來明天也做不到……」的情緒中，最後乾脆擺爛。

▌行事曆最重要的是回顧而非計畫

一說到「用行事曆來管理時間」，或許很多人想到的是事前確實訂定計畫，非按照計畫進行不可……但計畫的縝密性

其實沒那麼重要。重要的是要定出一個大方向，然後一邊執行一邊調整。

因為行程是活的，它會依據狀況和時間的變化而不停改變。

計畫定得太縝密，並為此很拚命地確保達成預定的話，可能就無法冷靜地重新檢視計畫，也無法發現許多問題，例如：

「真的需要這個行程嗎？」

「我是不是沒有熟練到習慣成自然？」

「我一直沒有按照計畫進行，但沒做好像也沒差。」

排定行程的自己，在排定好的那一刻起，就成了「過去的自己」。現在的自己比過去的自己更有經驗、更有知識，是升級後的自己。如果狀況明明改變了，卻還認定行程至上，以排好的行程為優先的話，就會混淆了手段和目的，甚至可能朝錯誤的方向前進。

為了防止這種事情發生，定期回顧計畫，頻繁地加以整頓，就是一件十分重要的事了。

這種「回顧」不是會令人興奮雀躍的時間，甚至顯得單調，所以很容易被人忽略。然而，只要將看似樸實的回顧，確實安排進行程裡，就能讓我們過上理想的時間。最終，興

奮雀躍的時間就會大增。

▎回顧的三項好處

1. 能有彈性地應對預期外的情勢變化

　　這幾年，受到新冠疫情影響，各種原定行程都被迫取消，許多事情無法按照計畫進行。如果我們能頻繁地回顧，遇到這種預期外的狀況時，就更能靈活應變。

2. 當計畫有執行上的困難時，能及早發現

　　有時候，計畫上明明一直寫著同樣的事，但無論怎麼努力也無法持續。此時，不能繼續的因素很多，可能是計畫本身太強人所難，或自己根本不想執行，原因不一而足。透過頻繁回顧，讓我們能對推動計畫本身的前提條件提出質疑。

3. 直視現實向前跨出一步，就能制定出對策

　　當我們回顧過去計畫，就會有各式各樣的情緒湧上心頭，像是「沒按照預定計畫進行」或「理想的結果是這樣，但不知為何就是無法順利進行？」等，自己窩囊的一面也會浮出水面。這真是一件難受的事，但不正視自己窩囊的那一面，就無法抵達未來的計畫。認真面對現實，向前跨出一步，才能制定出對策。

「日記／感想」與「回顧」截然不同

聽到「回顧」一詞，說不定你聯想到的是「日記」「感想」。「很高興」「很有趣」「很開心」等心情儘管重要，有多餘空間的話，不妨寫在行事曆或筆記本上。但這裡說的「回顧」，並非感想或日記，而是現狀掌握與分析。

在寫「回顧」時，請逐一回答以下問題：

・什麼事辦到了？
・什麼事沒辦到？
・為什麼能完成？
・若沒完成，那麼自己真的想做這件事嗎？
・若沒完成，下次要再繼續做嗎？

這麼做能讓我們養成習慣定期反問自己：「這件事真的重要嗎？」「我真的想做嗎？」「什麼事該進行下去，什麼事該終止？」

養成回顧的習慣後，你會發現自己的預定計畫和目標居然就這樣實現了，因此請一定要實踐看看。首先，就請把回顧行程的日子排進行事曆吧。

「微回顧」和「實回顧」的時機與時間

「做不到」的狀況持續2至3天，一直無法按計畫施行時，該做的事就會越積越多，然後一想到就憂鬱，一不小心又繼續拖延了。當回過神來時，事情已多到不通宵達旦做就無法挽回的程度，結果因為無法完成，而想要全部取消作罷……應該不少人有過這種經驗吧？

這種時候，務必認真實踐「回顧」。

回顧分為兩種，一種是「微回顧」，每週一次或每月一、兩次，一次15至30分鐘左右；另一種是「實回顧」，每經過一個階段做一次紀錄。兩者建議的施行時機如下示。頻繁施行微回顧，能讓實回顧變得比較輕鬆，而且實現夢想或目標的速度也會大幅提升。

微回顧（所需時間15至30分鐘）

① 每週一（非固定休週六日的話，則選在每週的第一個工作天）

② 每個月中

③ 每個月底

實回顧（所需時間1至3小時）

① 每季一次

② 每半年一次

建議的執行時間帶為早晨，開始上課或工作之前。這是因為人到了夜晚會比較情緒化，若在此時進行反省或改善分析，容易陷入沮喪。

　　請在早晨時，以清醒的頭腦把思考未來該怎麼做的時間排入行程中。

　　如果你是一個很難持之以恆的人，那我建議不妨與朋友們透過網路互動串連，當你要回顧時，就召集大家一起實行。

　　在我所主辦的社群「朝職」中，會事先決定好行程，當天再聚集眾人一起實行。定期回顧，能讓夢想的實現不斷加速，並且形成習慣。

每週微回顧的建議做法

　　在回顧上，最好事先決定要回顧的項目有哪些，這樣才能對自己的進步狀況進行「定點觀測」。多年來，我每週都會在假期結束後的次日早晨，定點觀測以下項目。

- 想連絡的人
- 今後想進行的專案
- 未來想做的事
- 要提出的課題

- 想閱讀的書／資料
- 其他

此外，也可以制定「本週主題」，再進行每週的回顧。

　　定點觀測的重點是，寫出「希望這週以後的自己變成什麼樣子」，且不分工作上或生活中的自己。

　　若將工作和生活分開來，或只限定這週以內的話，有時反而會對要寫什麼感到迷惘。

　　雖然定點觀測的項目已經決定好了，但每週要回憶時，卻想不起到底有哪些內容的話，就請在筆記本等工具上的大範圍空白處寫出下述項目，每想到一件事就當場記下來，回顧時只要從平時的紀錄中挑出「本週是這個」，會容易許多。

- 以後想連絡的人
- 以後想進行的專案
- 以後想做的事
- 以後想提出的課題
- 以後想閱讀的書／資料
- 其他

　　隔週就重新檢視前一週所寫的定點觀測項目，從辦到的

事、沒辦到的事當中，整理出有哪些是要繼續留下的。決定哪些要繼續留下後，就把這些項目謄寫到這一週的項目中。

填寫這份清單的訣竅是，不要專注於「沒辦到」而陷入沮喪。一而再、再而三寫下來的事，但卻一直沒辦到的話，背後一定有其原因。即使經過了兩個月、三個月，事情依舊「沒辦到」，你也不必沮喪。就算辦不到，只要現在平安無事，就可以認定：這件事辦不到也不會對自己的人生造成太大的阻礙。或許你會覺得，既然都已經寫下來了，就不想中途取消。但與其讓自己每天都得看到一直寫又一直「辦不到」的事，還不如瀟灑地放棄，起碼能心情愉快。

享受 Me Time 的關鍵在於「**決定不做的事**」。讓我們瀟灑地揮別會使我們鬱悶的事物吧。

每週一點一點地判斷自己需要哪些事，不需要哪些事，就能解決老是做不到、老是拖延所帶來的困擾。

透過每週、每月的回顧，最後僅留下你認為「無論如何自己都想做」的事，不但能感到精神愉悅，還能使不做而空出來的時間都變成 Me Time。

我們將不再為了「沒辦到」心煩，因為我們知道，那不是沒辦到，而是「我自己決定不做的」。

用「已完成清單」振奮精神

如果你發現，在每週的微回顧中，**你一而再再而三地「辦不到」自己所寫下想做的事，並因而沮喪時，我建議可以將定點觀測項目當成「已辦到清單」來使用。**

比方說，雖然想實踐定點觀察項目，但過了一週都沒有什麼進展時，就容易讓人感到沮喪。

這時候，不妨在定點觀察項目中寫下「已辦到的事」，這樣你就會真切地感受到「自己辦到的事還真不少」，而能持續前進。換句話說，就是將項目換掉，直到你覺得精神上「充電完畢」為止。

- 想連絡的人 → 已連絡的人
- 今後想進行的專案 → 已進行的專案
- 未來想做的事 → 未來想做且已稍稍開始著手的事
- 要提出的課題 → 已提出的課題
- 想閱讀的書／資料 → 已閱讀的書／資料
- 其他

此外，你是否有過這樣的經驗：當計畫內容無法執行時，就會因為既想做昨天沒辦到的事，又想做今天該做的事，反而變得一塌糊塗？

「因為昨天沒達標，所以今天就加倍努力吧！」雖然有這種幹勁是好事，但若是超出個人的負荷，就會讓人想拋棄整個計畫。

　　當我們要以一週為單位，調整沒有按照計畫完成的部分時，我建議最好**暫時忘掉過去沒辦到的「要做的事」，只做當天安排要做的部分**。

　　當自己打算要做卻沒辦到的事不斷累積時，我們往往會想回到事情開始累積的最初，從頭來過。若按照這種做法，我們就得將一週前就該完成的事挪到現在來做。這麼一來，我們就會洩氣地想：「一週前就應該做好的事，卻拖到現在才做，我真的太廢了。」如果一想到自己必須從頭開始趕上計畫，就會陷入憂鬱的話，那就沒必要回到最初。請斬釘截鐵地告訴自己：「我只做之前計畫好今天要做的事！」有了這股氣勢後，不僅能完成今天要做的事，甚至還能重拾「之前打算要做卻沒做到的事」來做。

　　當該做的事越積越多，卻因為沒有進展而感到悶悶不樂時，不妨試試此處介紹的方法。

▌以月為單位的微回顧的建議做法

　　月中和月底也一樣，要對定點觀測的項目進行「微回

顧」。執行的具體內容如下：

① 回顧每週「定點觀測」的項目。
② 寫下對上半月的回顧，以及月底的目標或希望達成的狀
　態。

接下來，我會針對這兩個項目的實踐方法一一說明。

1. 回顧每週「定點觀測」的項目

假設每週微回顧中的「定點觀測」項目如下：

・本週的主題
・想連絡的人
・今後想進行的專案
・未來想做的事
・要提出的課題
・想閱讀的書／資料
・其他

審視這些項目，將其中還沒完成，但接下來想進行的項目
「策略性延後」至下半月。在這個階段裡，尚未進行但不影
響工作的事，就直接放棄，以全新的心情面對下半月。

每週的回顧

●本週主題　　　　　●要提出的課題
●想連絡的人　　　　●想閱讀的書／資料
●今後想進行的專案　●其他
●未來想做的事

每月中旬的回顧

●本週主題　　　　　從左側項目選出要「策略性延後」
●想連絡的人　　　　至下半月的項目。
●今後想進行的專案　　　　　　＆
●未來想做的事　　　　寫下上半月的回顧感想，以及月底的
●要提出的課題　　　　目標或希望達成的狀態。
●想閱讀的書／資料
●其他

每月底的回顧

●本週主題　　　　　從左側項目中挑選出要「策略性延後」
●想連絡的人　　　　至下個月的項目。
●今後想進行的專案　　　　　　＆
●未來想做的事　　　　寫下下半月的回顧感想，以及下個月的
●要提出的課題　　　　目標或希望達成的狀態。
●想閱讀的書／資料
●其他

「策略性延後」其實就是「沒做的事」的替代詞。如果直接說「沒做的事」，恐怕會令自己感到「我的意志怎麼這麼薄弱……」並徒然陷入無謂的沮喪。要想改變這種認知方式，就得改變我們的遣詞用句。

雖說如此，即使透過遣詞用句的改變，一時拯救了心情，倘若沒有伴隨著實質的改變，仍然沒意義。

關鍵在於「**每個月都要決定，是要有意識地留下來繼續做，還是直接放棄。**」

這麼做是為了讓我們能透過意志選擇要做什麼事，而不是責備自己因為磨磨蹭蹭才沒辦到該做的事。這是透過改變標籤，使行動本身朝向好的方面前進。雖然多了一道步驟，卻是十分重要的步驟。

2. 寫下上半月的回顧，以及月底目標或希望達成的狀態

回顧上半月，寫下你想到的事、感覺到的事，以及完成的事。另外也試著寫出月底的目標，或希望在月底達成的狀態，當成是在為自己預言不遠的未來——最好是寫努力個兩週就有可能達成的未來，而不是無比遠大的夢想。這麼做更能讓我們走在通往實現的道路。

應該不少人都聽過月底或月初的回顧，但聽過月中的回顧

的人恐怕就不多了。月中也進行回顧的話，具有以下優點。

・能不忘月初的決心，保持高昂的情緒。
・不會到了月底才因「沒辦到」而沮喪。
・月中重新加緊控管，就能利用下半月趕上進度。

月底也和月中一樣，回顧半個月的時間，並以積極正面的心情對下個月做出預期。
順帶一提，我所發行的《朝活手帳》中，在每週、每月中、每月底，都分別設有如下頁所示的頁面，供使用者進行回顧。

《朝活手帳》的回顧用頁面使用範例

2022

11 月中旬與月底的回顧表單

November

November

本月中間回顧清單　　　　　　　　　**「策略性延後」至下個月的清單**

〈想連絡的人〉

C小姐　　　請Y先生幫我　　　　　　　贈送B小姐活動的謝禮
T先生　　　上傳報告
N小姐

〈今後想進行的專案〉

想幫兒子尋找可以學習的才藝　　　　　選擇才藝
開拓新客戶　　　　　　　　　　　　　少林寺、空手道、彈鋼琴
　　　　　　　　　　　　　　　　　　A公司洽談中

〈未來想做的事〉

想學畫畫　　　　　　　　　　　　　　找到繪畫教室的候選了！
找個好老師　　　　　　　　　　　　　想再接再屬地重新展開「咖啡附
重新展開「咖啡附早餐」巡禮　　　　　早餐」巡禮

〈要提出的課題〉

C公司企畫書 ─────────→ 完成！
年度報告書 ─────────→ 完成！

〈想閱讀的書／資料〉

布芮尼·布朗博士的 ────────→ 完成！
YouTube影片

〈其他〉

調查關於工作度假的資訊　　　　　　　應徵S公司的形象大使

「想做」清單中間回顧

整理衣服 ──────→ 3成 ──→ 完成！

每月健跑50km ──→ 20km ──→ 50km！

每週更新部落格 ──→ 2週1次 ──→ 2週1次，共計1個月2次

月底回顧

中間回顧筆記

因為證照考試的筆試考得一塌糊塗而十分沮喪，但事情過去了就過去了！
努力準備面試吧！

因為兒子開始對中國功夫產生興趣，想讓他學點什麼。

月底回顧筆記

面試總算順利落幕，現在就等放榜。

讓兒子使用手帳後，他也開始產生興趣了。

月底的未來預期筆記

在撰寫企畫書，為C公司提出的新服務提案。
手感不錯！

終於看了一直想看的動畫和電影！

下個月後的未來預期筆記

獲得來自A公司的大筆訂單！

證照考試低空飛過及格門檻！

算算看本月共計因早起而賺到幾天

本月積分		
155	× 30分鐘 ÷ 60分鐘 ÷24小時 =	本月賺到天數 3.23 天

讓每週的回顧對月中、月底有所貢獻

第48週

November

本週主題		本週回顧

本週的舒暢清單

想連絡的人

今後想進行的專案

未來想做的事

要提出的課題案

想閱讀的書／資料

其他

Monday	Tuesday	Monday
28	**29**	**30**
To Do 目標　　　　　實行	**To Do** 目標　　　　　實行	**To Do** 目標　　　　　實行
起床時間 目標　：　實行　：	起床時間 目標　：　實行　：	起床時間 目標　：　實行　：
睡眠時間 目標　：　實行　：	睡眠時間 目標　：　實行　：	睡眠時間 目標　：　實行　：
健康狀態 BAD 1 2 3 4 5 GOOD	健康狀態 BAD 1 2 3 4 5 GOOD	健康狀態 BAD 1 2 3 4 5 GOOD
今日的定點觀測	今日的定點觀測	今日的定點觀測
目標　　　實行	目標　　　實行	目標　　　實行

4:00

5:00

7:00

8:00

9:00

最晚下班時間 目標　：　實行　：	最晚下班時間 目標　：　實行　：	最晚下班時間 目標　：　實行　：
就寢時間 目標　：　實行　：	就寢時間 目標　：　實行　：	就寢時間 目標　：　實行　：
3行日記	3行日記	3行日記
今日獲得 積分	今日獲得 積分	今日獲得 積分

月中旬與月底的回顧表單

本月中間回顧清單

〈想連絡的人〉

〈今後想進行的專案〉

〈未來想做的事〉

〈要提出的課題〉

〈想閱讀的書／資料〉

〈其他〉

「策略性延後」至下個月的清單

訣竅是要養成習慣，固定在3個時間點
——每週、中旬、月底——
詢問自己：「這真的重要嗎？」「我真的想做嗎？」

每季一次實回顧的建議做法

頻繁地進行每月的微回顧，會逐漸知道自己正在朝什麼方向前進。

除此之外，若再加上每季問自己一次以下三個問題，就能進一步對大方向做出調整。

- 做得很好的事／今後也想持續做的事
- 進行不順的事／其理由
- 今後要執行的事

事先在筆記本裡畫出如下頁的表單，這樣要記錄時就十分方便。請多多參考利用。

季回顧表單

	3月底	6月底	9月底	12月底
今後也想持續做的事／做得很好的事				
進行不順的事／其理由				
今後要執行的事				

透過半年一次的實回顧制定出宏觀設計

我會向「朝職」的成員建議，每半年就要回顧一次，釐清自己今後想怎麼做，至今又完成了哪些事。我稱之為「**宏觀設計**」。

基本上是半年一次，但這個週期僅供參考。當狀況發生變化時，務必重新思考並制定新計畫。

此外，當你覺得腦袋開始渾沌打結，或者行程無法如願推進時，只要用以下方法回顧，就能一掃陰霾。

1. 細數自己這半年來已達成的事，並慰勞自己。
2. 仔細審視沒辦到的事，能不做的事就放手。
3. 無論如何都想達成的事，就要重新檢討做法，再排入行程。

接下來，我會針對以上三點具體說明。

1. 細數自己這半年來已達成的事，並慰勞自己

「接下來只剩半年了，但我卻只做到這些事……」或許很多人會因此而沮喪，但**沮喪並非壞事**。沮喪是對於明明辦得到卻沒辦到的事感到懊悔的心情。也就是說，**這種心情恰恰證明了我們還沒放棄自我**。

因此，請一邊大聲喊出「我的實力絕不僅止於此」，一邊繼續努力吧。

回顧過去半年，不可能都是沒達成的事，一定也達成了許多事，甚至讓我們覺得「自己也挺努力的」。

請先確實細數自己已達成的事，再用安慰自己、給自己一個大大擁抱的心情，慰勞自己：「你這半年來真的很努力了！」

先細數已達成的事，讓心情沉靜下來，再向下個階段繼續前進。這一點十分重要。

2. 仔細審視沒辦到的事，可以不做的事就放手

這一點是「這也要那也要族」會陷入苦戰的地方，因為這類人就是不善於「捨棄、放棄」。但是，能當機立斷、急流勇退是很重要的。

什麼事都覺得很重要，一件也不肯放下，結果就是每件事都做不好。因此我們必須克服心魔，專注集中在對自己而言重要的事情上。

我認為，以下三個重點能幫助我們放下「可以不做的事」。

① 了解自己的能力到哪，才能量力而為。
② 改變視角，思考自己能為對方做什麼。
③ 反覆排入行程卻一直沒達成的事，就果斷捨棄。

接下來我會詳細說明具體該怎麼做。

① 了解自己的能力到哪，才能量力而為。

拚命三郎經常會做的，就是提出一些一年半載內根本不可能達成的目標。

此外，訂定計畫時，還會預測自己應該 1 年 365 天，天天都健康有活力、天天處於高效能狀態。

這當然是天方夜譚。任何人都有身體不適、無精打采、諸事不順的時候。請接納這樣的自己，以不完美的自己為前提制定計畫。

② 改變視角，思考自己能為對方做什麼。

Me Time 雖然是以自己為優先，但老是強調「我、我、我」，就會變成完全看不見周遭的人。

不要把關心的箭頭只對著自己，也要改變一下視角，想想看自己能為對方做些什麼。比方說，如果凡事只想著如何讓周圍的人看到自己有多能幹，那就是把箭頭對著自己的狀態。

但是當事情進展順利時，一定會有某些人對你表達感激，前來向你說謝謝吧?!請站在另一個視角，思考對於眼前的對象「現在的我能做些什麼？」

・我是為了什麼而做的？

・我是為了誰而做的？

回顧這兩個基本問題十分重要。

如果讓眼前的人開心是你最大的目的，那麼無論他人怎麼說你、怎麼攻擊你，或是再無情的對待，你都能平靜以對。你一定不會因瞻前顧後而不敢繼續，或者耗費精力去證明「我沒有錯」。請認清自己最大的目的是什麼。

③反覆排入行程，卻一直沒達成的事，就果斷捨棄。

如果長久以來的目標一直無法達成，或許就表示此事對你而言並非必要。說老實話，早起也是如此。如果你長久以來都以早起為目標，但無論怎麼努力都辦不到，那就放棄這個目標吧。

如果一件事就算做不到，也不會對人生造成太大不便，就放棄吧；但若是達不到，會對人生產生很大的阻礙，就必須好好思考方法，重頭來過。認清這一點相當重要。

3.無論如何都想達成的事，就要重新檢討做法，再排入行程

能認清何時該放棄、捨棄，才能讓絕對想完成的事、非完成不可的事浮出檯面。屆時再來徹底執行行事曆上的計畫即可。

具體來說，可按以下的步驟執行。

①鉅細靡遺地想像出半年後自己成功完成該事的模樣。

②將目標量化（用數字具體呈現）。

③排定計畫，計畫中必須包含回顧／留白。

首先，請鉅細靡遺地想像半年後自己開心地說「我辦到了！太棒了！」的模樣。這個階段不用理會細節，例如該達成的數字，只要模擬出屆時的好心情。想像時，盡量讓自己去玩味達成目標後會是什麼狀態，會有多幸福、多愉快，讓自己感覺到：「要是真的能體驗這種心情，就太棒了！」

接著，暫時冷靜下來，為了達成那樣的狀態，要將具體的目標量化成數字。這樣才不會做著做著「不知怎麼地就達成了」或「不知怎麼地就失敗了」，否則就無法在事後進行分析，並在未來做出改善。因此，將目標數字化很重要。

再者，**寫出具體數字，能讓我們的努力變得肉眼可見，甚至能進一步鼓舞激勵自己。**

整理出每週、每月、每季、每半年一次的回顧及其所需時間，製作成下頁表。如果只是想著「改天再做吧」的話，就會一拖再拖，因此趁早進行「辦事封鎖」，將計畫寫進行事曆，使其成為預定計畫。

每週微回顧（15～30分鐘）

●本週主題
●想連絡的人
●今後想進行的專案
●未來想做的事

●要提出的課題
●想閱讀的書／資料
●其他

每個月中旬、月底的微回顧（15～30分鐘）

1. 重新檢視每週的「定點觀測」，進行策略性延後。
2. 回顧前半個月，寫下希望下半個月變成什麼樣的狀態。

每季一次的實回顧（1～3小時）

1. 做得很好的事／今後也想持續做的事
2. 進行不順的事／其理由
3. 今後要執行的事

半年一次的實回顧（1～3小時）

1. 細數自己這半年來已達成的事，並慰勞自己。
2. 仔細審視沒辦到的事，可以不做的事就放手。
3. 無論如何都想達成的事，就要重新檢討做法，再排入行程。

行事曆SEE法的「E＝編輯」
創造Me Time的手帳術

使用紙本行事曆，讓我們可以「**靠自己的意志決定何時、在哪裡、做什麼，並將其排入行程**」。這就是 Edit 這個步驟在做的事。

但平常沒在使用紙本行事曆的人，要不是對預定計畫光寫不練，要不就是寫都寫不好就放棄了。因此，這裡要傳授一些關於寫好 Me Time 行事曆的方法。

將行事曆的預定計畫分成「目標」和「過程」，就會豁然開朗

不太會用紙本行事曆的人常見的煩惱是，不會區分月曆頁和週曆頁的使用方法。

部分紙本行事曆同時擁有當月預定行程的月曆頁，和當週預定行程的週曆頁。令人困擾的是，如果想把兩邊統一，都

寫上相同的預定行程，就一定會發生遺漏或重複。

再者，有些人也會因為一邊有寫一邊沒寫，搞不清楚到底哪邊的行程才是真的。

這種時候，就要提醒自己「**分成目標和過程來寫**」。

・**當月預定行程寫的是有對象的預定行程＝最終的目的**
・**當週預定行程寫的是和自己約定的行程＝前往目的的過程**

此外，「和自己約定的行程」中，也包含「為有對象的預定行程做的準備」。比方說，如果在月曆頁寫了「下午３點前寄送資料」，就在週曆頁寫出下午３點前要做的準備（搜尋相關關鍵字以蒐集資料、思考文件的結構編排等自己必須執行的任務）。這樣就不會搞不清楚該在哪裡寫什麼了。

▌把要做的事分成四種顏色

把想做的事、該做的事寫進行事曆時，我建議分四種顏色來寫。

・**緊急╳重要：收成的綠**
與現在眼前的生活或工作有直接關係。

- 不急×重要：**播種的紅**

忙碌時容易忽略，但放著不管會對未來造成重大影響的最重要事物。關鍵是平日必須持之以恆的處理。

- 緊急×不重要：**疏苗的藍**

需要定期處理，但實際執行起來很麻煩的例行事務。

- 不急×不重要：**醃製的黑**

其實不知道做這件事的意義何在，但也沒有多加思考，就一直持續做到現在。

想要創造 Me Time，就必須對時間進行分類。只要熟悉並養成習慣，讓自己能在一瞬間區分出哪件事是哪種顏色，你就能每天問自己，什麼才是自己人生中真正重要的事了。

不要怕弄髒弄亂

沒必要要求自己寫得乾乾淨淨、整整齊齊。社群網站上有些文章或影片會教人如何把紙本行事曆寫得美美的，讓人看了也躍躍欲試。但沒必要強迫自己去模仿。

美麗的事物和熟練的事物，是不一樣的。

紙本行事曆上可使用只有自己才懂的記號，也可以把字跡寫得歪七扭八、潦草凌亂。當我們擔心別人也會看時，就可能想著「那我得寫整齊點」，而無法隨心所欲地書寫。所

以，請認定你的行事曆「不會給任何人看」，好讓自己可以安心使用。

▎空白時間是終極 Me Time

在行事曆的使用和行程管理上，有一項常見的誤解，就是「預定行程排得越滿，代表越充實」「把空白都填滿，才能顯示自己用得很好」。

然而，為自己保有 Me Time 的手帳術，則主張「空白萬歲！」沒有必要害怕留下空白。空白證明了你對於無所事事的自己十分珍惜。

對一個認真的人來說，如果以自己的時間為最優先，為自己創造放鬆的時刻、無所事事的時刻，或許是一件令人感到罪惡的事。但你一定也有過以下經驗：因為天氣很好，感覺很舒服，而在平常急忙通過的道路上悠然自得地走著，結果腦中突然浮現出過去在辦公桌前絞盡腦汁也想不出的靈感。

而且，無所事事的時刻也會成為意外事件發生時的緩衝時間。**刻意在行事曆中留下一點「空餘」時間吧，這麼做也能避免自己在壓力爆發邊緣，因焦慮而做出錯誤判斷。**

我們需要明白的是，空白時間是「優先度最高的行程」。提醒自己保有空白時間吧。為此，我的建議是，可以事先在行

事曆上預約「空白」。提前預約無所事事的時間，創造出可以綜觀整體的「餘暇」時間，這能讓我們的心情綽有餘裕。

▎空白也會因為「封鎖」而成為預定計畫

「即使聽你這樣說，我看到空白時還是會莫名不安……」如果你是這樣的人，那我建議你不妨**以「空白」的名義排定行程**。請根據以下方法嘗試看看。

掃視一遍紙本行事曆或月曆上的預定行程，應該就能看出哪些日子可以空得出時間吧？逐一找出「這段時間好像挺開的」「目前還沒有預定計畫」的地方。不一定非得一整天都沒排行程不可，只要覺得「這一天跟他人相約或自己必須處理的事情好像滿少的耶」，就可以挑出來。

一個月內至少選4天、最多選5天這樣的日子，用紅色的粗筆框起來，加以事先封鎖。無法封鎖相連的幾天，就分開來封鎖幾天；無法封鎖一整天，就封鎖一天中的部分時間，像是「封鎖這天的下午」「封鎖這天的下午5點以後」。

封鎖後，我們就會留意封鎖的地方，盡量不在那裡安排預定計畫，行程便能維持有餘裕的狀態。

當然，有時即使事先封鎖了，後來仍不得不安排行程。

即使如此，也能透過封鎖，讓預定計畫確實減少，而且我們的想法會從「被安插行程了」轉變成「自己刻意排了行程進去」，因此心理壓力也會大幅降低。

此處的重點是，要進行「**視覺性宣示**」。用紅色的筆框起來，提醒自己：「這天盡量不要排行程！」透過這個舉動，能讓我們不再排出滿檔行程，把自己搞得精疲力竭。

SEE 法的「E =享受」
將期待實現的事排入預定計畫

以下是使用紙本行事曆的人經常提到的「行程管理上的煩惱」。

- 雖然使用過紙本行事曆,但沒有什麼特別重要的預定行程,所以行事曆上總是一片空白,最後就放棄不用了。
- 每天都只是重複做著相同的事,所以沒什麼需要特別寫下來的。
- 預定行程的時間對方遲遲不確定,搞得我連自己的預定行程都無法排定。
- 家庭或學校的預定行程總是要到最後一刻才知道,所以我根本沒辦法事先制定計畫。

你或許也像這樣,認為紙本行事曆就該拿來寫已確定的事,以及和對方的預定行程。

但紙本行事曆並沒有規定「只能寫已確定的事」。**為自己排定心心念念的計畫、能帶來好心情的計畫，預測未來會有什麼樣的行程規畫，再透過實踐改變當下，進而讓未來也朝好的方向改寫。這就是最後一項技法。**

在行事曆上寫下他人告知的預定行程，或事先決定非去不可的預定行程時，我們就會變成「防守」的一方，行程排入越多，可用的時間就越少。但是，當我們為自己決定預定行程，確定「我要在○月○日做○○！」時，就會成為「進攻」的那一方。

當預定計畫越排越多，令你備感憂鬱時，請告訴自己：**「排入越多跟自己約好的預定行程，Me Time 就會變得越多！」**這樣一想，你是不是也開始感到興奮雀躍了？

有效地使用紙本行事曆，能讓我們封鎖時間，以視覺性的方式為自己保有 Me Time。當然，仍會有許多事情是我們無法一個人決定的，尤其是團隊工作，會遇到各式各樣的狀況和立場。

但是，**有所制約也能激發創意巧思。**即使身處在許多行程都無法光靠自己決定的環境中，我們也要找出一件件可以獨自決定的事，積極發揮紙本行事曆的作用。

用未來的預定計畫來保有 Me Time

總想休個好幾天的長假，但害怕事情正式確定前都還有變數，所以一直沒辦法確定下來，每次都要等到最後一刻才敢請假，結果只能挑零零散散的日子分開來休，而且還變成了常態……

透過事前在行事曆上排定未來的 Me Time，也能讓這種煩惱迎刃而解。

早幾個月前，不先向公司交涉，不等正式確定，就在可以一覽無遺的對開頁年曆上，暫定性地封鎖日期，毫不遲疑地排定自己期待的行程。

比方說，暑假、寒假等長假，即使這個階段還不確定詳細日期是幾月幾日，也可以透過往年的行事曆，預測出大概落在哪個時期，此時就可以將日期「暫定」下來。觀察工作趨勢的曲線後，覺得「這段時間應該可以休息」，即使之後可能有變化，也可以直接將這段時間封鎖，而不必等到跟公司交涉再說。

事先封鎖時間後，我們便能整體性地觀察那段時間前後的工作趨勢曲線，進而提早進行調整。

對於小孩的學校預定行程，只要想著「日期還不確定，但每年大概都在這時候」，就能暫時封鎖日期。這麼一來，我們便能看出整體趨勢，知道哪一段時期時間比較充裕，計畫

就比較容易制定，同時也能培養出重視個人時間的感受。

越是認真努力的人，越容易圍著對方的預定計畫團團轉。

先養成習慣，粗略地排定自己的預定行程，只是暫定也無妨，不用害怕計畫會有變更。

當我們預先排定自己期待的計畫後，就能為此而努力。當我們能看出預定計畫的趨勢曲線時，就不會再把行程排到滿檔，而把自己搞得疲憊不堪了。

除了預定休假，還有其他的應用方式，例如：

3個月後應該要瘦5公斤，所以今天先從自己喜歡的服飾品牌，購買小1號的衣服。

這樣思考的話，減重計畫也會變得更有動力而能持續下去吧?!

7 July	8 August	9 September	10 October	11 November	12 December	日／月
五	一	四	六	二	四	1
六	二	五	日	三	五	2
日	三	六	一	四	六	3
一	四	日	二	五	日	4
二	五	一	三	六	一	5
三	六	二	四	日	二	6
四	日	三	五	一	三	7
五	一	四	六	二	四	8
六	二	五	日	三	五	9
日	三	六	一	四	六	10
一	四	日	二	五	日	11
	五	一	三	六	一	12
	六	二	四	日	二	13
	日	三	五	一	三	14
	一	四	六	二	四	15
六	二	五	日	三	五	16
日	三	六	一	四	六	17
一	四	日	二	五	日	18
二	五	一	三	六	一	19
三	六	二	四	日	二	20
四	日	三	五	一	三	21
五	一	四	六	二	四	22
六	二	五	日	三	五	23
日	三	六	一	四	六	24
一	四	日	二	五	日	25
二	五	一	三	六	一	26
三	六	二	四	日	二	27
四	日	三	五	一	三	28
五	一	四	六	二	四	29
六	二	五	日	三	五	30
日	三		一		六	31

（September 9–18 框內標註：暑假）

幾個月後的休假也 要提前封鎖！

透過 Me Time ——實現自己的喜好吧！

　　閱讀至此的你，應該已經能在行動前先停下來想想，對自己來說什麼是 Have to，什麼是 Want 了。

　　如果你擔心「萬一變成這樣就糟了」，是要將大半時間用來準備因應一個不知會不會來臨的未來，還是忠於自我活出「我就是想這樣！」的人生，答案應該不言而喻了吧？

　　資訊爆炸的時代，各式各樣的人站在各式各樣的立場上，說著各式各樣的話，有時我們連自己嚮往的事物，究竟是出自內心深處，還是他人強加而來的，都變得難以判斷。但是，別擔心！**從今以後，每當你心中產生猶疑時，只要重新實踐「SEE 法」即可。**

　　自己的時間要怎麼利用，都要靠自己來決定，實在太累了、太忙了、太麻煩了，乾脆都按照別人的指示去做就好了——有時候我們不免會這麼想。但越是這樣的時刻，就越

該停下來思考，請不要放棄自己所追求的「想望」。

令你感到喜歡的事物，無論別人怎麼說，都請你繼續喜歡下去。

自己重視的「喜好」跟別人不一樣又何妨！偏愛才是正義。

只要能像這樣選取專屬自己的時間，盡情地享受，從中獲得充分的能量補給，那麼即使前方出現了痛苦難受的事，我們也能從中發現樂趣，轉換心情，繼續昂首闊步。

〈後記〉
你怎麼利用時間，決定你的人生

這本書談的是時間，討論的是不為他人，而為自己的人生而活的方法。

決定如何利用時間，就是決定如何利用生命。一個人想過什麼樣的人生，都會表露在他如何利用時間上。 這次介紹的「SEE 法」，是一套將眼前的現實一步一步朝好的方向改變的方法，**改變眼前，就有可能改變人生。**

人生永遠都是正式演出中。不是在等待未來某天的正式演出，而是此時此刻、每一天都是正式演出。

為了將人生的正式演出活得精采，我們應該要知道，把時間用於何事會讓我們感覺幸福，以及自己正在追求的是什麼。

而「**SEE 法**」正是達成此目的方法的集大成。

步驟 1：Show 將時間「可視化」
步驟 2：Edit 編輯時間
步驟 3：Enjoy 享受時間

自己人生的時間分配，要由自己來安排。從今以後，絕不

要再賤賣自己的時間。

如何挑選時間，如何組合時間，如何安排時間，全都可以依你的主觀編輯，而且你有能力這麼做。當你察覺此事時，原本平凡無奇的每一天，就會化做無比珍貴的寶藏。

正如騎腳踏車只要學會一次，即使生疏了一段時間，也不會忘掉怎麼騎，「SEE法」只要學會一次，即使因為人生階段改變，而把你利用時間的方法暫時打亂，你依舊可以隨時找回以自己為主體的時間利用方式。

讓我們遵循自己的意志，選出時間，使用在我們最愛的事物、令我們熱情投入的事物上，盡情地享受人生吧。

希望大家都能不再擔憂、顧慮他人，渾然忘我地投入自己的喜好，進而讓自己能活出充實的人生。

希望能有越來越多的人，帶著從自己內在泉湧而出的能量面對人生。

但願你我的人生中，都能充滿了熱力四射的時刻。

我衷心期盼這本書能成為你人生的一分助力。

〈附錄〉Me Time 信條

這裡條列式地整理歸納本書所介紹的所有心法與技法，以做
為信條。

當你在不同人生階段，對於改變時間的使用法感到不知所措
或有所迷惘時，希望你能利用這些信條做為指針，找回方
向。

享受 Me Time 的基本心法

- 釐清 Have to 和 Want
- Have to 和 Want 要絕對主觀，徹底滿足自我喜好
- 該用速成法的是 Have to。不要試圖用速成法來實踐 Want
- 要空出腦容量，就要「全部翻出來再做選擇」
- 消磨時間、放空發呆是一種投資！
- Me Time 最有效果的順序是晨間 → 夜間 → 日間

不知如何分辨 Have to 和 Want 時

- 列舉出「想做的事」→ 了解「為什麼？」
- 以 Have to 和 Want 為縱軸，以正向變化量為橫軸

SEE 法

步驟 1：Show 將時間「可視化」

步驟 2：Edit 編輯時間

步驟 3：Enjoy 享受時間

晨間 SEE 法

Show ：寫出「100 項喜好」

Edit　：在很有感的「喜好」上做記號

Enjoy：用「早起日記」預測今日一天

夜間 SEE 法

Show ：寫出現狀和理想中的例行事務

Edit　：思考理想與現實為何產生偏差

Enjoy：從「100 項喜好」中挑出適合夜間的項目／

　　　　睡前舉出 5 件「好事」

日間 SEE 法

Show ：【初級篇】保有多出來的「空餘時間」

　　　　【中級篇】將工作細分成小顆粒

　　　　【高級篇】思考人生中重要的「6 大支柱」

Edit ：① 思考此時此刻以什麼為優先

　　　② 重新檢視不做的「心態」和「做法」

Enjoy：利用「公私混同力」盡情享受

行事曆 SEE 法

Show ：① 將紙本的「綜觀」優勢發揮到極致

　　　② 建立回顧的行程

Edit ：分成「目標」和「過程」／把要做的事分成四種顏色

　　　／封鎖空白

Enjoy：將期待實現的事排入預定計畫

究竟出版社
Athena Press

www.booklife.com.tw   reader@mail.eurasian.com.tw

第一本 118

ME TIME—— 兼顧工作和生活的時間管理術

作　　者／池田千惠
譯　　者／李璦祺
發 行 人／簡志忠
出 版 者／究竟出版社股份有限公司
地　　址／臺北市南京東路四段 50 號 6 樓之 1
電　　話／（02）2579-6600・2579-8800・2570-3939
傳　　真／（02）2579-0338・2577-3220・2570-3636
郵撥帳號／ 19423061 究竟出版社股份有限公司
副 社 長／陳秋月
副總編輯／賴良珠
責任編輯／張雅慧
美術編輯／蔡惠如
行銷企畫／陳禹伶・朱智琳
印務統籌／劉鳳剛・高榮祥
監　　印／高榮祥
校　　對／張雅慧・林雅萩
排　　版／杜易蓉
經 銷 商／叩應股份有限公司
法律顧問／圓神出版事業機構法律顧問　蕭雄淋律師
印　　刷／祥峰印刷廠
2023 年 8 月　初版

ME TIME by 池田千惠
Copyright © 2022 by Chie Ikeda
Original Japanese edition published by Discover 21, Inc., Tokyo, Japan
Complex Chinese edition published by arrangement with Discover 21, Inc.
Complex Chinese translation copyright © 2023 by ATHENA PRESS,
an imprint of THE EURASIAN PUBLISHING GROUP.
All rights reserved.

定價 320 元   ISBN 978-986-137-408-6   版權所有・翻印必究
◎本書如有缺頁、破損、裝訂錯誤，請寄回本公司調換   Printed in Taiwan

所有的煩惱都牽扯著人際關係，生活中每個階段轉換就像換季，

包括自己，每個人來去都是因著自己的季節，

你現在所感受的痛，都是曾經在乎過、努力過的證明。

沒有哪個人能一生順遂，難免會遇到挫折與困境，

而也正是這些特別的摺痕，讓生活如此難忘又珍貴。

——《灰日記》

◆ **很喜歡這本書，很想要分享**

圓神書活網線上提供團購優惠，
或洽讀者服務部 02-2579-6600。

◆ **美好生活的提案家，期待為你服務**

圓神書活網 www.Booklife.com.tw
非會員歡迎體驗優惠，會員獨享累計福利！

國家圖書館出版品預行編目資料

ME TIME——兼顧工作和生活的時間管理術／池田千惠 著；
李瓔祺 譯. -- 初版. -- 臺北市：究竟出版社，2023.8
　　224面；14.8×20.8 公分 --（第一本；118）

　　ISBN 978-986-137-408-6（平裝）

1.CST：時間管理　2.CST：生活指導　3.CST：成功法

177.2　　　　　　　　　　　　　　　　　　　112009530